白话全本史记

卷一·帝王霸业

司马迁 著

青少年彩绘版

长江出版传媒 | 长江文艺出版社

总 策 划：金丽红　黎　波

主　　编：黄晓新　程三国　王赛男

绘画作者：童介眉　韩亚洲　刘永凯　徐开云　熊孔成
张南峰　郭小凌　赵希玮　邓邦源　陈小强
王师颉　王惠祥　刘志伟　周　禾　赵　青
王树立　孙　龄　闫　斌　刘毅红　刘　炬
许明康　王时旺　陈昌柱　白云浩　白　明
兰　紫　张国荣　安洪民　刘　洁　刘　忠
杨　云　崔君旺　梁战岩　张　清

译　　者：刘　桢　李　婷　黄文田　张木早

责任编辑：王赛男　张雅琴

助理编辑：王枫婕

北京长江新世纪文化传媒有限公司
www.cjxinshiji.com
出品

扫码观看名师讲解
《史记》高考篇目

目　录

史记卷一

五帝本纪

扫描二维码
阅读本篇原文

黄帝　颛顼　帝喾　尧　舜

黄帝是少典族的后代，姓公孙，名轩辕。他生来神异，几个月就会说话，从小就很机灵，长大成人后诚实勤敏、见闻广博、明辨是非。【1】

当时，神农氏后代道德衰薄。诸侯间互相混战，百姓受尽暴虐，而神农氏又无能力征讨平服他们。【2】于是，黄帝便操练士兵，征讨不朝贡的诸侯，诸侯都归附了他。蚩尤部落最为暴虐，没有人能够制服他。炎帝准备侵犯诸侯，诸侯都归附轩辕。轩辕于是实行德政，整顿军队，研究季节气候，教百姓种植五谷，安抚各地民众，大量规划土地。他训练了一批以猛兽命名的士兵，跟想侵犯诸侯的炎帝在阪泉的原野上展开激战，经过多次战斗，最后取得了胜利。蚩尤不顺从黄帝的命令，发动战乱。于是黄帝征集了诸侯的军队，跟蚩尤在涿鹿山前决战，活捉了蚩尤，并杀了他。于是，诸侯都尊奉轩辕为天子，代替神农氏，这就是黄帝。【3】天下有不归顺的，黄帝便去征讨，平服了就带兵离开。

黄帝辟山修路，从来没有安闲的时候。他向东到了大海，登上了丸山和泰山；向西到过空桐①，登上了鸡头山；向南到过长江，登上了熊山和湘山；往北驱逐了荤粥②（xūn yù），在釜山召集诸侯；他在涿鹿山下的平原上建立了都邑。黄帝经

① 空桐：山名，在今甘肃省平凉县，也叫崆峒山。

② 荤粥：部族名，即秦、汉时期的匈奴。

常带领部下迁移，不在一个地方定居，每到一地就叫士兵筑起营垒、守卫驻地。他所封的官都用云字来命名，军队也叫云师。他设置左大监和右大监来监督各地诸侯， 各诸侯国和平共处，而黄帝祭祀鬼神、山川、天地的活动举行得最多。黄帝得到了宝鼎和能推算节气日月的神草，他选拔风后、力牧、常先、大鸿来治理民众，顺应天地运行的规律，预测阴阳的变化，研究养生送死的制度，考究国家存亡的道理。他带领百姓按季节种植百谷草木，驯养鸟兽蚕蛾，研究日月星辰的运行和水流土石金玉的性能。他用心思考、身体力行，有节制地使用山林川泽的物产。他拥有土德的祥瑞，所以称为黄帝。

黄帝有二十五个儿

【2】

子，单独立姓的有十四个。

黄帝居住在轩辕之丘[①]，娶了西陵氏的女儿为妻，她就是嫘（léi）祖。嫘祖是黄帝的正妻，生了两个儿子，他们的后代都得了天下。第一个儿子叫玄嚣，就是青阳，他下封在江国；第二个儿子叫昌意，下封若水。昌意娶了蜀山氏的女儿，名叫昌仆，他们生了高阳，高阳有高尚的德行。黄帝逝世后葬在桥山，他的孙子——昌意的儿子高阳登位。这就是颛顼（zhuān xū）。

颛顼帝高阳，是黄帝的孙子，昌意的儿子。他镇静深沉而有谋略，通达又明事理。他种植庄稼、养育牲畜、开发土地，按照自然规律办事，敬仰鬼神并且制定了礼仪。他顺应四时五行的规律来教育民众，诚心诚意地祭祀天地神灵。他向北到了幽陵，向南到了交阯，向西到过流沙[②]，向东到过蟠木。鸟兽草木、山川大小神灵，凡是日月所照临的地方，没有谁

① 轩辕之丘：地名，因黄帝曾在此住过，故名。
② 流沙：即古流沙泽，后又被称为居延泽、居延海。

【3】

不服从他、归属他的。

颛顼的儿子叫穷蝉，颛顼逝世后，由玄嚣的孙子高辛登位，这就是帝喾（kù）。

帝喾高辛是黄帝的曾孙。他的父亲叫蟜（jiǎo）极，蟜极的父亲叫玄嚣，玄嚣的父亲便是黄帝。从玄嚣到蟜极都没有登上帝位，到了高辛才登上帝位。高辛是颛顼同族的子弟。

高辛生下来就很神灵，能说出自己的名字。他广施恩德，只为别人不为自己谋利益。他聪颖，能够察知远方的事物；目光敏锐，善于观察了解细微的事理。他顺从上天的旨意，了解民众的需求。仁爱而有威严，宽厚而讲信义，注重自身修养，天下都归服他。他节俭使用土地物产，会因势利导地教育安抚民众。他制定历法推算日月运行、季节变化，恭敬地侍奉鬼神。他神色庄重，德行高尚。治理天下善于把握时机，衣着像普通人一样。帝喾公允地执守中正之道，恩德遍及天下。因此，凡是日月照耀、风雨润泽的地方，没有不归附他的。

帝喾娶了陈锋氏的女儿，生了放勋，又娶了娵訾（jū zī）氏的女儿，生了挚。帝喾逝世后，由挚继位，挚帝威信、才能都很弱，由他弟弟放勋继位，就是帝尧。

尧像天一样仁爱，像神一样聪明；接近他，像太阳般温暖，仰望他，像云一样高洁。他富有而不骄纵，尊贵而不傲慢。他戴着黄帽子，穿着黑色的衣服，坐着白马拉的红车。【4】他能修明自己的德行，使九族亲近。九族和睦，让百官尽职尽力，为官职责分明，各方诸侯国和睦相处。

于是尧帝命令羲氏、和氏，恭恭敬敬地顺从上天的旨意，观察日月星辰的运行，根据其规律来制定历法，向民众传授按季节行农事的法则。他命令羲仲住在郁夷，那地方叫作旸（yáng）谷[①]，让他在那儿恭敬地迎接太阳的东升，测定太阳升起的时刻，计算时令，指导农事。春分日，鸟星全部出现，以此校正仲春的时序。这时候，民众都到农田干活，鸟兽交尾生育。再命令羲叔住在南交，测定日道南移的时间，恭敬地祭祀太阳并记下日影的变化。夏至日，火星出现，以此校正仲夏的时序。民众继续干活，鸟兽换上稀疏的羽毛。又命令和仲住在西方一个叫昧谷[②]的地方，恭敬地礼

① 旸谷：地名，传说是太阳升起的地方。

② 昧谷：地名，传说是太阳西落的地方。

送太阳落山，测定日落的时刻。秋分日，天虚星出现，以此校正仲秋的时序。民众生活安逸愉快，鸟兽更换新毛。又命令和叔住在北方一个叫幽都的地方，测定日道向北移动的时刻，冬至日，天昴（mǎo）星出现，以此校正仲冬的时序。这时，民众都穿上冬装，进入室内避寒，鸟兽也长出又密又软的细毛。一年定为三百六十六天，并且用闰月的办法来校正四季。尧帝还适时地告诫主管各种事务的官员，让他们把事情都办好。【5】

尧帝问："谁可以继承我的事业呢？"放齐回答说："您的长子丹朱很豁达聪明。"尧说："咳，他既顽劣，又凶暴，不能作为继承人。"尧又问："谁可以呢？"驩兜（huān dōu）说："共工广泛地联系民众共治水灾，可以用他。"尧说："共工虽然能言善辩，但用心邪僻，表面上似乎很孝敬，内心其实是罪恶滔天，这样的人不可用。"尧又说："唉，四岳[1]，洪水滔天，环绕着大山，淹没了丘陵，百姓都忧心忡忡，谁可以去治理呢？"四岳都说鲧（gǔn）可以。尧说：

① 四岳：四个诸侯的首领。

“鲧违背命令，败坏同类的人，不可用。”四岳说：“他人都不可以，可以试用一下，如果不行的话再废止他。”尧于是听从了四岳的话起用鲧。鲧治水九年，没有什么收效。【6】

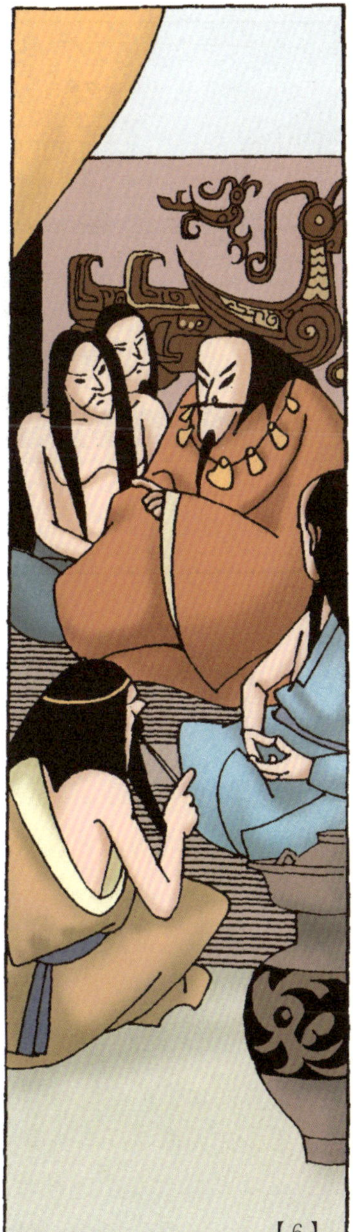
【6】

尧说：“唉，四岳！我在位七十年，你们中有能顺应天命接替我的帝位的人吗？”四岳说：“我们德行浅薄，恐怕会玷污了帝位。”尧说：“那么，请你们把适合继承帝位的亲近的贵族和疏远的隐者都说给我听听。”大家都对尧说：“民间有个单身汉，叫虞舜。”尧说：“很好，我听说过他，他到底是个什么样的人呢？”四岳都说：“他的父亲是个盲人，愚顽透顶，他的继母又爱搬弄是非，他的弟弟骄纵凶狠，但他仍然能以孝顺之道同他们和睦相处，从而劝他们改恶从善。”尧说：“那我来考验他一下

【7】

吧！”于是尧帝把自己的两个女儿都嫁给了他，通过她们来观察舜的德行。舜让她们住在沩（wéi）水岸边，遵守礼节，做普通的媳妇。【7】尧对他的这种做法很赞赏，于是命令舜负责慎重地推行五教①，百姓都能遵守；又让他负责统领百官，天下的各种事务都井井有条；尧又让他到四门②去主持接待宾客的事，于是，四门的人从此对客人都庄重和睦，来朝贡的诸侯和远方的客人都很敬重他；尧又让舜到山林川泽中去办事，即使遇上狂风雷雨，舜行走都没有迷过路。尧于是觉得舜德行高尚，把他召来对他说："你考虑事情周到细致，办事很有成效。我已观察你三年了，你来继承我的帝位吧！"舜觉得自己的道德还不能让人悦服，从而谦让不肯就位。但在尧的劝说下，正

① 五教：指父义、母慈、兄友、弟恭、子孝等伦理道德。
② 四门：天子朝会诸侯的明堂中的四方门。

月初一，舜在文祖庙接受了尧的禅礼。文祖就是尧的始祖。【8】

这个时候，尧帝年事已高，于是让舜代替他行使天子的使命来观察天命。舜使用璇玑玉衡[1]来审视天象，测定日月星辰的位置。从而校正历法。他举行祭礼祭祀上帝，禀报上天，并且祭祀六神，望祭名山大川，遍祭所有天神。他收集代表五种爵位的玉制符信，选定良辰吉日，召见四岳和诸侯，重新给他们颁发符信。二月，他到东方巡视，到达泰山，在那里烧柴祭天，并按照等级望祭其他的名山大川。并且在此时召见了东方的各诸侯。校正了季节、月份的起迄时间，定准了一天的时刻，统一了音律和度量衡，制定了五种礼仪，规定了各阶层人士相见时所用的礼物，诸侯用五玉三帛，卿大夫用活羊羔和大雁，士用死的野鸡。诸侯们所用五玉，礼仪结束后便退还。五月，他又到南方去视察。八月到西方视察，十一月到北方视察，在这些地方视察，同在东方时一样。回

① 璇玑玉衡：用玉装饰的观察天文的仪器。

来后，又到祖庙和父庙里去祭祀祖先，用一头公牛做祭品。此后，舜每五年便到各地去视察一次，这中间的四年，各地的诸侯则轮流到京师来朝见，报告民情。舜把治理国家的方法教给每个诸侯，并公开考察他们的政绩，对治国有方、政绩卓著的诸侯，赏给他们衣服和车马。舜在全国设置十二个州，发动民众，疏通河道。他把一般的刑律都刻在各种器皿上，以利于其普及，对因无知而触犯五刑[1]的人，只处以流放的轻刑；对官府中的人犯法后用鞭笞处罚；对学校中犯法的人用戒尺处罚；如果犯罪的人是无意触犯刑律，则可用金钱赎罪；无心或灾害造成的过失，可以赦免其罪行；仗着奸巧经常作奸犯科的人处以重刑。慎重啊！执行刑法一定要深思熟虑！

驩兜向尧推荐共工，尧说："他不能用。"但驩兜仍聘用他做工师，结果共工果然放纵邪僻。四岳向尧推荐鲧，让他负责治理洪水，尧认为他无法胜任，但四岳坚决请求试用他，结果毫无成绩，使天下百姓受害不浅。三苗在江淮、荆州一带屡次作乱。这时，舜正从外地视察回来，便向尧报告，请尧把共工流放到幽陵去，让他去治理改变北方的狄族；把驩兜流放到崇山去，让他去治理改变南方的蛮族；把三苗迁到三危去，让他去改变西方的戎族；把鲧远远地发配到羽山，让他去治理东方的夷族。这样处置这四个人，天下百姓都心悦诚服。

尧帝登基七十年，获得了舜这样的人才，把帝位让给了

① 五刑：此处指上古时期的五种肉刑刑罚，包括：墨、劓（yì）、剕（fèi）、宫、大辟。墨刑：在犯人的额头、脸上、手臂等处刺字后涂上墨。劓刑：割掉犯人的鼻子。剕刑：割掉犯人的脚。宫刑：又称腐刑。大辟：隋朝之前死刑的统称。

他，并帮助他治理国家二十年，才告老还乡，让舜代理天子的使命，并向上天举荐舜。尧退位后二十八年逝世，对于他的死，百姓都十分悲痛，大家都像死了父母一样哀伤。三年之内，举国上下没有一个人奏乐，因为大家都在悼念尧。当初，尧知道自己的儿子丹朱不成材，不足以把天下托付给他。于是尧采取变通办法，把帝位传给舜。这样天下百姓都能得到好处，只有丹朱不高兴，如果把帝位传给丹朱，那丹朱是称心如意了，但天下百姓都会遭殃受害。尧说：“决不能让天下百姓受害，而让一人得利。”【9】他最终把天下传给了舜。尧逝世后，三年丧期结束，舜于是把帝位让给丹朱，自己退避到黄河的南岸去隐居。但朝拜的诸侯却还是朝拜舜，而不去朝拜丹朱；打官司的人，也只找舜评理，而不找丹朱；歌功颂德的人也只歌颂舜，而不歌颂丹朱。舜说：“这是天意啊！”从此以后，他才到

【9】

都城，正式登基为帝，这就是舜帝。

虞舜名叫重华，重华的父亲叫瞽（gǔ）叟，瞽叟的父亲则叫作桥牛，桥牛的父亲叫句（gōu）望，句望的父亲叫敬康，敬康的父亲叫穷蝉，穷蝉的父亲叫颛顼，颛顼的父亲叫昌意。舜已是他们这个家族的第七代。这些人中从穷蝉到舜都是平民。【10】

舜的父亲瞽叟眼睛瞎了，而舜的母亲又死了。瞽叟又娶了一个妻子，生了儿子象，这个儿子十分傲慢，骄横。瞽叟很偏爱这个后妻生的儿子，常常想杀掉舜，每次都被舜逃掉了。每当由于自己的不慎而带来过失时，舜就自觉接受惩罚，他恭敬、顺从地对待父亲、继母和弟弟，每天都诚恳谨慎地对待他们，从没有懈怠过。

舜是冀州人，他曾在历山耕过地，在雷泽捕过鱼，在黄河边上做过陶器，在寿丘做过日用家具，在负夏做过买卖。舜的父亲瞽叟凶狠，后母爱搬弄是非，弟弟骄纵，他们都想除掉舜。而舜则总是恭敬地对待他们，对父亲、继母尽到做儿子的责任，对弟弟尽到做长兄的责任。父母想要杀他，也总是不能成功，但有事情要找他去办，他却总是在他们身边。

舜二十岁时，因为孝顺而声名远播。在三十岁时，尧帝向四岳询问可以治理天下的继承人，四岳都推荐他，都说他可以胜任。于是尧帝把自己的两个女儿都嫁给舜，由此来观察舜在家里的表现，同时又派了九个儿子同舜进行接触，从而来考察他在家庭以外的为人处世。舜住到沩水北岸以后，在家里的行为越发端庄严谨。在他的影响下，尧的两个女儿也不敢因为自己显贵的出身而傲慢地对待舜的亲属，很有做妇女的礼节，尧的九个儿子也由于在舜的身边工作而越发诚实厚道了。舜在历山耕种时，受他的影响，当地的人在划定田地边界时都互相谦让；他在雷泽捕鱼时，雷泽周围的人都把自己的住房让给别人住；他在黄河边制作陶器时，当地的人都尽心尽责，做出的陶器都十分精美，没有破损和次品。舜不论住在哪儿，只要一年，这个地方就会成一个村落，两年就会成为集镇，过三年便成了都市。因此，尧赐给他细布衣物和琴，还有牛、羊，并且为他修筑了仓库。在这种情况下，瞽叟还不死心，仍然想杀死舜。于是，他让舜上屋，用泥涂抹谷仓，而自己却在屋下纵火烧仓，舜就拿起两顶斗笠护住自己跳了下来，脱了险，没有被烧死。瞽叟又让舜去凿井，舜在井壁上另凿了一个可以藏身并通到外面的空洞。当舜凿到深处时，瞽叟和象一起搬土把井填死。舜从隐蔽的洞中逃出去了。瞽叟和象都以为舜死了，都很高兴，象说：“这主意是我出的。”在与父母瓜分舜的财物时，他说：“舜的妻子——尧的两个女儿，以及尧赐给的琴由我收取，他的牛

羊和仓库分给父母。”于是象在舜的房子中住下，弹着舜的琴。舜回家来见象，象大惊失色，但随即装着很伤感的样子说：“我想念你，正想得很苦呢！”舜毫不介意，说：“这还差不多！”以后，舜侍奉瞽叟，疼爱弟弟，更加谨慎了。于是，尧便决定试用舜，让他推行五教，去从事各种工作，舜都干得很出色。【11】

从前，高阳氏出了八个有才华的子孙，使天下百姓都受益匪浅，这八个人被百姓叫作“八恺”；高辛氏也出了八个有才能的子孙，这八个人被称为“八元”。这十六个家族，世世代代发扬他们的美德，没有损毁他们祖先的名声。尧在位时，这些人没能受到重用，到舜即位后，即任用八恺，让他们掌管土

地，他们安排布置各种事务，件件都办得有条有理。舜还任用八元，让他们到全国各地去布教，他们使得父威母慈、兄善弟敬、子孝，国内太平，外族向往。【12】

从前，帝鸿氏出了一个不肖的后代，他灭绝人性、阴毒残忍，喜欢做凶暴邪恶的事情。天下人都叫他“浑沌”。少皞（hào）氏也有个不肖的后代，他背信弃义，憎恨忠诚之人，喜欢粉饰讲邪恶的话，天下百姓都叫他“穷奇”。颛顼氏也出了个不肖的后代，不能训导，分不清哪些是劝他从善的忠言，世人都把他叫作“梼杌（táo wù）”。对于这三个人的家族，大家都感到非常忧虑。尧在位的时候，没能处理他们。缙云氏也有个不成材的后代，他沉湎酒食，贪图钱财，天下人都叫他“饕餮（tāo tiè）”，天下人都讨厌他，认为他同上面所说的“三凶”一样。舜在四门负

责接待宾客时，把这四个凶恶的家族流放到四方遥远的边境地区，以此来告诫那些作恶的人。从此以后，四门畅通，大家都高兴地说再也没有恶人了。

舜进入大山中时，即使遇到暴风雷雨，也从不迷路。于是，尧知道可以放心地把天下传授给他。尧老了，让舜代他行使天子的使命，叫他到全国各地去视察。舜代行天子使命二十年，尧便让他代理天子的政务。又过了八年，尧便逝世了，服丧三年之后，舜把帝位再让给丹朱，但天下的人仍然归服于舜。而像禹、皋陶、契、后稷、伯夷、夔（kuí）、龙、垂、益、彭祖这些人，在尧时代便受人推荐任事了，但没有得到具体的职位。这时，舜来到文祖庙，征询四岳的意见，并广开言路，听取天下百姓的意见。他命令十二州的长官奉守帝王的德政，他认为只要实行宽厚的政令，疏远卑鄙的小人，就能使边远部落归服。舜对四岳说：“天下人只要能奋发向上，光大尧帝的事业，那就让他担任官职，协助我办事。”四岳都说：“禹担任司空，可以光大尧帝的事业。”于是舜说：“那好！禹，你就负责平治水土吧，我希望你能尽心尽责办好这件事。”禹跪地拜谢，希望把这个职位让给稷、契或皋陶。【13】舜说：“好，你去就职吧！”然后对弃说：“现在百姓要挨饿了，你就担任农官，去教他们播种粮食作物吧。”又对契说：“现在官员之间不太团结，五种伦常关系不顺，你担任司徒，去负责施行五教，慢慢地感化他们吧！五教的施行在于宽大。”舜又对皋陶说：“皋陶，现在外族正在侵扰我们的国家，盗寇与奸人也时时闹事，你去做主管刑罚的官员吧！对犯罪的人判刑要轻重恰当，行刑要分场所。判流放的犯人，也要分等，流放地点要根据罪行轻重，分为三等，只有这样公正严明，才能让人心服口服。”舜又问：“谁可以负责管理各种工匠呢？”四岳说：“垂可以。”于是垂被任命为共工。舜又问：“谁能负责管理山泽中的草木鸟兽？”四岳都说：“益可以。”于是益被任命为虞官。益拜谢以后，要把这职位让给朱虎、熊罴（pí）等大臣，舜说：“你是最合适的人选，你去吧！”并同时命朱虎、熊罴作益的助手。舜又问：“四岳，你们说，谁可以为我主持三种祭祀呢？”四岳都说：“伯夷可以。”于是舜说：“伯夷，我任命你为秩宗，你每时每刻都要恭敬，还要正直、肃静、整洁。”伯夷要把职位让给夔和龙，舜说：“好，我让夔去主管音乐，教导贵族子弟。要正直而温和、宽厚而严格、

【14】

刚强而不凶暴、简捷而不傲慢。诗是用来表达思想的，歌是延长了声调的诗，而乐曲则要依照延长了的声调来制定，音律使乐曲协调和顺。各种乐器所奏的声音都协调和谐，互不干扰，那么神和人听了这样的乐曲才会快乐和顺。”夔说：“这样一来，只要我敲打起石乐器，各种兽类受感动，合着节拍来舞蹈。”【14】舜说：“龙，我很痛恨诬陷别人的坏话和伤天害理的行为，它使百姓惊恐害怕，并且蛊惑他们的心，我任命你作纳言，负责每天把我的旨意传达下去，把民众的意见收集上来，你可一定要实事求是。”舜说：“好了，你们这二十二人都去认真办事吧，我希望你们能辅佐我管理

好天下的大事。”从此以后，舜每过三年就考察一次大家的工作成绩，根据三次考察的情况，分别给予贬降或提升。于是，举国上下，各种事情都一帆风顺。舜在这种情况下，对三苗部族的人分别做了处理。

以上这二十二人都没有辜负舜的期望，各自都取得了卓越的成就。皋陶当执法官秉公断案，实事求是，人人心悦诚服；伯夷主持礼仪，使上上下下的人都恭谦礼让；垂管理工匠，使各种工匠都干出了成绩；益管理山泽，使山泽都得到了开发；弃管理农事，使谷物生长茂盛，年年丰收；契负责推行五教，使百姓都团结和睦；龙主管迎来送往的礼仪，使远方的诸侯和外族都纷纷来朝拜。十二州的地方长官也尽心尽责，因而全国上下，人民安居乐业，无人违背政令。尤其禹的功劳最大，他凿了九条山脉，治理了九个湖泽，疏通了九条大河，划定了九州的地界，使全国各地都能用自己的特产来朝贡，一切行为都以当地的实际情况为准则。全国方圆五千里，版图扩展到辽远的地方。在南方，安抚了交阯、北发两地的百姓，在西方，安抚了戎族、析枝、渠廋（sōu）、氐（dī）、羌各族，北方安抚了山戎、发、息慎各部，在东方安抚了长夷、岛夷各部。全国上下都感戴舜帝的功勋，于是禹创作了乐曲《九招》，招来了世上的各种珍奇异物。凤凰也在国都上空飞翔盘旋，天下的文明德政，都从舜帝开始。【15】

舜二十岁时由于孝顺而远近闻名，三十岁时尧帝起用了他，五十岁时代理天子的使命，五十八岁时尧帝逝世，六十一岁时登上帝位。在位三十九年，在南方视察时，在苍梧境内逝世，人们把他葬在长江以南的九嶷山，也就是零陵。

舜帝登上帝位时，乘着插有天子标记的车子去见父亲瞽叟，态度谦和恭敬，力尽一个做儿子的礼节。【16】并封他的弟弟象为诸侯，后来，舜的儿子商均也不成才，于是，舜在自己未死之前便向上天推荐禹作为他的继承人，十七年以后，舜逝世了，三年服丧期满后，禹也像舜曾把帝位让给尧的儿子一样，把帝位让给舜的儿子商均。但诸侯同样都只归服禹，这样禹才正式登上帝位。禹让尧的儿子丹朱、舜的儿子商均都拥有封地，以便他们能祭祀他们的祖先。并且让他们穿着各自祖传的服饰，用他们祖先的礼乐。他们只以宾客的身份朝见天子，天子也不把他们当臣子看待，以表示自己尊重先帝，不敢独自占有天下。

从黄帝到舜、禹都同出一姓，但国号不一样，这是为了显示光明的德行。黄帝号有熊、颛顼帝号高阳、帝喾号高辛、尧帝号陶唐、舜帝号有虞。禹帝建立夏之后另有姓氏姒（sì）。

契是商代的祖先，姓子。弃则是周代的祖先，姓姬。

太史公说：学者们都称颂五帝，而五帝的时代已经很久远了。《尚书》只记载了尧以来的史实，其他书在谈到黄帝时，文字都不够典雅，不合史实，即使是学问渊博的人也说不清楚。孔子传世的宰予问《五帝德》和《帝系姓》，很多读书人都没有学过。我曾西到空桐，北到涿鹿，东到海边，南到江淮，那些地方的老人们至今还经常谈到黄帝、尧、舜的事迹，但各地的说法都不同，这是各地的遗留下来的风俗习惯的差异所造成的。总的说来，这些传说与古文的记载大体相符，比较接近当时的事实。我参阅过《春秋》《国语》，这几本书对《五帝德》《帝系姓》都说得很清楚，只是没有深入考察，因而没有什么收获。其实，其中的记载基本都是事实，并没有多少虚构。《尚书》中的记载有些早已缺失遗漏，而在别的著作中也还可以见到一些散佚的史料。如果不是好学深思，真正了解其意思，未来就难于向见识浅薄、听闻孤陋的人说道。我尽可能地搜集各种资料，选择其中比较典雅合理的说法记述下来，作为本纪的第一篇。

知识拓展

书缺有间

释义：泛指古书残缺已有多年。

出处：《史记·五帝本纪》：“《书》缺有间矣，其轶乃时时见于他说。”

瞻云就日

释义：原指贤明的君主恩泽施及尤民。后多比喻得近天子。

出处：《史记·五帝本纪》：“就之如日，望之如云。”

史记卷二

夏本纪

扫描二维码
阅读本篇原文

禹　舜　启　孔甲　桀　汤

夏禹[①]，名叫文命。夏禹的父亲名叫鲧，鲧的父亲是帝颛顼，颛顼的父亲叫昌意，昌意的父亲就是黄帝。禹是黄帝的玄孙、颛顼的孙子。禹的曾祖父昌意和父亲鲧都没有做过帝王，做天子的臣下。

在尧帝时，洪水滔天，环绕着大山，淹没了丘陵，老百姓非常忧愁。【17】尧帝访求天下能治水的人，大臣们和四岳都说鲧有治水的才能。尧帝说："鲧这个人喜欢违抗命令，摧残同类，不能担此重任。"四岳说："比较起来，没有比鲧更有能力的人了，希望帝王试试他。"尧帝于是听从了四岳的意见，起用鲧来治水。九年过去后，大水仍没有消退。这时尧帝寻找继任的人才。又找到了舜。舜被重用后，代理天子管理国家政务，巡视各地情况，当看到鲧治水毫无功绩时，就在羽山处死了鲧。天下人都认为舜的惩罚是对的。于是舜便推举鲧的儿子禹，让禹继承鲧治水的事业。

尧帝死后，舜帝问四岳说："能圆满完成尧的事业的人，就请他担任官职。"四岳都说："让禹担任司空，可以完成尧的事业。"舜说："啊，好！"于是命令禹："你平定水土，一定要勤勉。"禹跪拜并磕头，将官职推让给契、后稷和皋陶。

---

① 夏禹：禹所封的国号为夏。

【17】

舜说：“你还是到你的职位上去工作吧。”

禹为人勤俭敏捷，聪明能干，不违背道德，仁慈可亲，说话诚实，声音合乎音律，以身作则，办事谨慎，勤勉端庄，堪称典范。【18】

禹于是与益、后稷一道奉舜帝之命，命令诸侯百官征召民工治理土地，爬山勘察，树立标志，规定高山大川的祭祀品级。禹感伤已死去的父亲鲧因治水无功而受处罚，于是身心劳苦地从事治水事业，在外干了十三年，就是经过家门也不敢进去。【19】他平时节省自己的衣食，但祭祀鬼神时，却尽力使礼品丰盛清洁；他自己的住房简陋，却花大钱去疏通水道。他在陆地上奔波时坐车，走水路时乘船，遇到泥泞时，利用橇行走，爬山时就穿着底上带有锥形钉子的梮[1]（jū）。

---

① 梮：防滑倒用的木屐。

左手提着测量用的准绳，右手提着圆规、方尺，顺应季节，划分九州①，并且开通九州的河道，在九泽之上修筑堤岸，根据九州山川的物产来作为贡赋的标准。【20】命令益教老百姓在低洼潮湿的地方种稻，命令后稷将稀缺的食物发给百姓。哪里的食物欠缺，就将富余的食物调配过来。然后禹在各地巡视，考察所到之地有无可以作为贡品的特产，以及交通是否方便。

禹自冀州开始巡视。冀州的治理工作从壶口开始，然后再治理梁山和岐山。先修治好太原一带，再着手治理岳阳。覃(tán)

【19】

---

① 九州：传说中的我国中原行政区划，起于春秋、战国时代，说法不一。《尚书·禹贡》记载九州为：冀、兖、青、徐、扬、荆、豫、梁、雍。

怀的治理收到功效后，便开始在衡漳①施工。冀州的土壤为白色，土质细软。所缴的田赋，在九州之内属第一等，有时也夹杂第二等，而田的等级却为第五等。常水、卫水疏通后，大陆泽也整治好了。冀州东北部的鸟夷部落，穿着水怪的皮做的衣服，黄河紧靠碣石山的右边，流入大海。

济水和黄河之间的地方，叫兖（yǎn）州：在这一地区，黄河的九条支流已被疏通，雷夏泽已被挖成了湖泊，雍水与沮水一同汇入雷夏泽，适于种桑的土地上养上了蚕，于是人们从山上搬下来，住在平地上。这里的土壤颜色黑而且高起，因此草木长得茂盛茁壮。当地的田为第六等，因正在整治没有贡赋，花了十三年的时间才把水治理好，与其他地方一样

① 衡漳：古水名，即漳水。衡是“横”的意思，古黄河自南向北流，漳水自西向东流入黄河，故称衡漳。

交贡赋。这个地方所进的贡品是漆、丝，以及用圆形竹筐装着的花纹丝织品。贡品用船载着，由济水进入漯（tà）水再通往黄河。【21】

大海与泰山之间是青州：堣（yú）夷已经大体治理完毕，潍水和淄水已被疏通。这个地区的土壤呈白色，地势突起，海边有宽广的盐碱地，田中含盐质。这里的田地为第三等，赋税为第四等。这里的贡品是盐、细葛布以及各种海产品，此外还有泰山山谷中所出的丝、枲（xǐ）、铅、松和形状怪异的石头；莱夷这个地方可以放牧，贡品除牧产品外，还有装在竹筐里的柞（zuò）蚕丝，这些贡品用船载着从汶水运到济水。

大海、泰山到淮河之间的地方是徐州：淮水、沂水已经得到了治理，蒙山、羽山经整治后也可以从事种植了。巨野泽已经蓄满了水，东原一带也已经可以耕种了。这个地区的土为红色黏性土，土质肥沃，草木渐渐长得十分茂盛。这里的土地属于第二等，赋税为五等。所进贡品为青、赤、白、黑、黄五色土（用来修筑天子祭祀地神的社坛）、羽山山谷中的野鸡、峄（yì）山南面的优质桐木、用泗水岸边的浮石制作的磬[①]（qìng）、淮河下游的夷人进贡珍珠和鱼类，以及用竹筐装着的黑色细绸和白绢。这些贡品用船装着，经淮水、泗水，转入黄河。

淮水与大海之间是扬州：彭蠡（lǐ）已成了蓄水库，大雁在此栖息。三江[②]被疏导入海后，水流平稳下来形成了震泽。此地到处生长着箭竹。这里的草葱茏茂盛，树木高大。这里的泥土湿润。田地为第九等，赋税为第七等，也有第六等夹杂其中。贡品为金等三种金属、美玉、宝石、竹箭、象牙、犀皮、鸟羽和旄牛尾巴，岛夷穿草编的衣服，装在竹筐里的织锦，橘子和柚子根据命令进贡。进献时沿着长江、大海，通过淮水、泗水，再运往京都。

从荆山到衡山的南面是荆州：长江、汉水都奔腾入海，九江[③]处于长江的中游。沱水、涔（cén）水已经疏通了，云梦泽也已得到治理。这里的土地湿润。田为第八等，赋税属于第三等。贡品有羽毛、旄牛尾、象牙、兽皮、金等三种金属、杶（chūn）木、榦（gàn）木、栝（guā，又音kuò）木、砺、砥[④]、用作箭镞的石头砮（nǔ）、丹砂，只有箘（jùn）竹、簬（lù）竹、楛（hù）木这些用作箭杆的材料是三个诸侯国进贡的，而且是当地的名产品，此外有包裹着的菁茅[⑤]，用竹筐装着的贡品是黑色和浅绛色的丝绸以

---

① 磬：一种打击乐器。

② 三江：《汉书·地理志》称三江指南江、中江、北江。

③ 九江：长江流入荆州后的九条支流。一说“九”是虚数，意为很多。

④ 砺、砥：均为磨刀石。

⑤ 菁茅：一种有刺的茅草，在祭祀时用来滤酒。

及成串的珍珠，九江一带还根据命令进献大龟。这些贡品经江水、沱水、涔水、汉水，然后经过一段陆路运到洛水，再转运到南河。【22】

荆山以北、黄河以南一带是豫州：伊河、雒（luò）水、瀍（chán）水、涧水，河道都已疏导入黄河，荥（xíng）播泽已成了蓄水湖泊，菏泽和明都泽都得到了疏导整治，这里的土质细腻，下等的土疏松肥沃。田地为第四等，赋税为第二等，也夹杂有第一等。贡品有漆、丝、细葛布、麻以及用竹筐装着的细丝絮。也根据命令进贡磨磬的磨石。这些贡品用船运载，经过洛水进入黄河。

东起华山之南，西到黑水的地区是梁州：汶（mín）山和嶓（bō）山

【22】

都已种植了作物，沱江和涔水都得到了治理，蔡山、蒙山都已祭祀治理，和夷一带的治理也已收到了功效。这里的土质呈青黑色。田地为第七等，赋税为第八等，也有第七等、第九等。贡品为美玉、铁、银、钢、砮石、磬，熊、罴、狐、狸、毛毯。治理西倾山因为桓水从这里流出，在潜水之上航行，越过一段陆路后抵达沔（miǎn）水，进入渭水，再横渡黄河。

黑水以东、西河①以西的地区是雍州。弱水已被疏通，向西而去，泾渭二水在渭水北岸汇合。漆水、沮水都已顺着地势流入渭水，沣水也与渭水相融。荆山、岐山已祭祀，终南、敦物二山的治理竣工后，又将工程延伸到了鸟鼠山。高原、洼地的改造收到了成效，然后一直施工到都野泽。三危山一带已开发利用，三苗族住地经过治理也秩序井然。这个地方的土质黄而柔细。田地为第一等，赋税为第六等。贡品是多种美玉和宝石。进献贡品时从积石山下用船装运到龙门山下的西河，在渭水北岸的河湾里汇合。相会的贡品还有昆仑、析支、渠搜的毛布。这时西戎②也都归附了。

治理九条山脉：从汧（qiān）山开始，经岐山直到荆山，工程跨越黄河；从壶口山经雷首山直到太岳；从砥柱山、析城山直到王屋山；从太行山、常山③通到碣石，一直伸入海中；从西倾山，经朱圉（yǔ）④、鸟鼠山直到华山；从熊耳山，经外方、桐柏山到达负尾山；从嶓冢山开通至荆山；从内方

---

① 西河：古称西部地区南北流向的黄河为西河。

② 西戎：对西方各部族的总称。

③ 常山：即北岳恒山。因汉代避文帝刘恒讳、宋代避真宗赵恒讳而改名。

④ 朱圉：“圉”一作“圄”。

山直到大别山；汶山的南面修通到衡山，越过九江后直到敷浅原山。【23】

又治理了九条河流：疏通弱水①，直达合黎山，使其下游流入流沙泽；疏通黑水河道，使河流经过三危地区，流入南海；从积石山开始疏通黄河，直达龙门山，使黄河水向南流到华山北面，往东流经砥柱山，到达孟津，再往东流经与洛水汇合处，到过大邳（pī）山，往北经过降水，直达大陆泽，然后再向北分成九条支流，合流后名叫逆河，流入大海；从嶓冢山开始疏通漾（yàng）水，东流成为汉水，再往东为沧浪水，流经三澨（shì）水，到达大别山，折向南进入长江，向东汇成彭蠡泽后，继续东流成为北江，流入大海，从汶山开始疏通长江，使之流向东后分出一支流，名为沱水，再往东到达醴（lǐ）水，越过九江，直达东陵，继续东流又斜流往北，汇入彭蠡泽，由此东流叫中江，直通大海；疏通沇（yǎn）水，

① 弱水：凡水道水浅或当地不习惯造船而不通舟楫的，古人往往认为是水弱不能胜舟，故称“弱水”。此处“弱水”即张掖河。

使之东流成为济水，汇入黄河，再流出来汇成荥泽，东流经过陶丘北面，再往东到达菏泽，然后朝东北方向流去，与汶水相会，再流往东北直入大海；从桐柏山开始疏通淮河，往东流与泗水、沂水相会，再往东流向大海；从鸟鼠山一带开始疏通渭河，使之东流与沣水相汇，再流向东北到达泾水，然后往东经过漆水、沮水汇入黄河；自熊耳山开始疏通雒水，使之流向东北方向，与涧山、瀍水相汇，又向东流与伊河相汇，然后流向东北，进入黄河。

经过这样的治理后，九州之内已经统一，四海边远之地已可供人安居，九条山脉得到开发治理祭祀，九条河流得以疏通顺畅，九大湖泽也都修筑了堤防，四海之内统一规划。生产生活用的物品丰富。订正了各处土地的好坏高下等级，征收赋税极为慎重，全部以土地的上、中、下三等为标准来确定赋税，征收之后，运往国都。

禹将土地和姓氏赐给九州诸侯，并告诫诸侯百官：“要恭敬和顺，崇尚德行，不要违背我的政令。”下令将国都以外五百里的地区叫甸服：其中靠近国都一百里以内的地方的赋税是缴纳带秸秆的谷物，距离一百里至二百里之间的地区缴纳不带秸秆的穗，距离二百里至三百里之间的地区缴纳谷粒，距离三百至四百里之间的地区缴纳粗米，距离四百至五百里之间的地区缴纳精米。甸服以外五百里的地区叫侯服：其中靠近甸服百里以内的地区是天子赐封卿大夫的采邑，距离甸服一百里以外至二百里的地区为赐封给为天子服役的小国；距离甸服二百里之外至三百里的地区是赐封诸侯的领域。侯服以外五百里的地区叫绥服：其中距离侯服一百至三百里

以内的地区，根据当地情况来施行政令教化，距离侯服三百里以外的二百里兴武备，保卫天子。绥服以外五百里称为要服：其中距离绥服一百至三百里的地区为夷族居住的地方，距离绥服三百里以外的二百里是流放罪人的地方。要服以外的五百里称荒服：距离要服一百至三百里的地区为蛮人居住的地方，外围的二百里为流动部族活动的地方。

经大禹治理过的地方，东濒大海，西至流沙泽，从北到南，四海之内都能感受到政令和教化的威力。于是，帝舜赐给禹青黑色的玉圭（guī），向天下昭告大禹治水成功。天下于是太平大治。【24】

皋陶被任命为士①，来治理人民。舜帝上朝时，禹、伯夷、皋陶在舜帝面前相互讨论。皋陶发表意见说："如果能坚定不移地按道德办事，那么就能策划高明、辅佐和谐了。"禹说："是的，但是应该怎样才能做到呢？"皋陶说："唉！

① 士：管理天下刑狱的主官。

要使自己的行为谨慎，不断地加强修养，深谋远虑，厚待九族而又分清顺序，这样，众多贤明之士就会乐于尽力辅佐，政令就可由近而远地推行。”禹拜谢了皋陶的善言，说：“的确是这样。”皋陶说：“噢！重要的是知人善任，安抚人民。”禹说：“唉！如果都要求这样，那么即使帝尧也难以做到。能了解他人的是智者，善于恰当地任用官员；能安抚人民的人堪称贤惠，黎民百姓会感念他。既知人善任，又仁爱贤惠，还忧虑什么驩兜呢？还放逐什么三苗呢？又何必害怕巧言令色的奸佞之徒呢？”皋陶说：“是的。唉！可以说人们行事能体现九种品德，就让我说说这九德吧。”接着说道：“要检验一个人的品德，首先必须考虑他所做的事情，宽厚而又严谨，柔顺而又独立地处理事情，忠诚而恭敬，办事条理分明而又认真，驯服而又果敢刚毅，正直而又温和，简朴而廉洁，坚强而信实，敢作敢为而又合乎道义，只要能经常体现这些品德，事就一定能办好。如果每天早晚都以上述九种德行中的三种来勉励自己的言行，便可做卿大夫了。每日严格地遵循其中的六德，认真地辅佐天子，便可以做诸侯了。天子能集九德于一身而全面运用，就能使有才能的人身居官职，使所有的官吏都严肃谨慎地办事。不要教人们奸邪淫乱、不走正道。居于官位的人不能胜任此官职，这可以说是乱了天下的大事。上天讨伐有罪的人，从五刑中用恰当的一种来惩罚有相应罪行的人。我所说的这些可以实行吗？”禹说：“照你说的去做，可以取得成绩。”皋陶说：“我没有什么知识，不过是想方设法奉行古道罢了。”

帝舜对禹说：“你也说说你的意见。”【25】禹作揖说：

"唉，我有什么可说的！我只是想每天努力不懈地辅佐天子。"皋陶故意诘问禹说："怎么才能说是努力不懈呢？"禹说："洪水滔天，漫无边际地围绕着大岭，淹没了丘陵，黎民百姓都身处水患之中。我治水时，陆地上乘车，水里乘船，泥泞地里乘橇，走山路穿底上带齿的檋，在山上树立木桩作为标志。我与伯益一起将稻谷和鸟兽肉发给民众。开通了九条河道，使它们直通大海，又疏浚田间的大小水道，使之与河流相连。与后稷一道将民众欠缺的粮食发给他们。食物短缺，就设法把有余粮地方的粮食调节到粮食不足的地方，并将民众迁徙到可以生存的地方去居住。黎民百姓于是安定下来。"皋陶说："好，这就是你的美德所在。"

禹说："唉，帝啊！你身居高位要谨慎呀。安于你的所得，任用有德的大臣来辅佐你，天下的人就会顺从你的意志。清心恭待上帝的指示，上天就会反复地显现美好的征兆。"舜帝说："唉，大臣啊！大臣是我的大腿、臂膀、耳朵、眼睛。我想帮助老百姓，你们要辅佐我；我准备仿照古人，将日、月、星辰等图案绣在带有花纹色彩的服装上，你们要替我明确具体的规定；我要听六律、五声、八音，借以考察政事的得失，并以此发出和采纳合乎‘仁、义、礼、智、信’这五德的言论，你们要替我仔细审听。我若有什么不正当的言行，你们要帮我纠正，真诚地辅佐我。你们不要当面对我阿谀奉承，背后却说我的坏话。要敬重周围辅佐我的大臣。那些靠进谗言来获得宠信的大臣，只要君主真正施行德政，就能将他们清除掉。”禹说：“是的。帝王如果不这样的话，用人不分善恶，一概任用，就不会有什么功效了。”

舜帝说：“不要像丹朱那样骄傲，一心只喜好戏谑游玩，乘船在水上游荡，在家里邀集狐朋狗友干荒淫的事，因此断绝了世代相沿袭的帝位。我不能听任这样的行为。”禹说：“我娶涂山氏的女儿为妻，只在家里待了四天，辛日办婚礼，壬、癸两日在家，甲日便外出了，生下儿子启我也未能抚育，这样才取得了治水的成就。辅佐帝王建立了五服 ，使疆土达到五千里之广，全国十二个州都设立了行政长官师，从国都往外一直到各个边境，每五个诸侯国设立一个君长，他们各自都能遵从道德，有所建树。然而苗族却冥顽不灵，不服教化。帝啊，您可要想想这个问题啊！”舜帝说：“推行我的德政，要依靠你们慢慢地做工作啊。”

皋陶于是敬重禹的德行，命令民众都以禹为榜样。不依所要求的去做，就处以刑罚。

这时候，夔奏起了音乐，祖先们的神灵也降临了，各国诸侯们都竞相谦让，鸟儿随着乐声飞翔，野兽随乐声起舞。当一曲《箫韶》奏了九遍后，凤凰也前来跳起翩翩舞蹈，满朝官员显得忠诚和谐。【26】舜帝因此作了一首歌，他说：“顺从上帝的意愿从事，一定要顺应时势，一定要谨慎。”

于是在歌中唱道："得力的大臣们忠诚喜悦啊！元首就会奋起振作啊！百官的事业才能兴盛繁荣啊！"皋陶作揖磕头，大声说道："要记住啊！天子带领大臣努力办事，关键是必须谨慎你的法度。要恭敬认真啊。"于是一改舜帝的歌词，唱道："元首圣明啊！大臣们就会贤良啊！各种事业就能健康发展啊！"又唱道："元首琐碎啊！大臣们就松弛懒惰啊！各种事业就会毁损废弃啊！"舜帝拜谢道："的确，以后一定要谨慎恭敬啊！"于是天下的人都遵循禹所明确设立的法度和他所兴起的声乐，尊崇他为山川神主。

舜帝向上天推荐禹做接班人。十七年以后舜帝死了，三年服丧期满，禹推辞了帝位，让位给舜帝的儿子商均，

【27】

在阳城定居。天下诸侯都背离商均而去朝拜大禹，禹这时才即位当了天子，面南背北，统治天下，国号为夏后，姓姒。【27】

禹帝立为天子后，向上天举荐皋陶，并且将要让他管理政事，但皋陶却去世了。册封皋陶的后代在英、六两地为官，也有的被封在许地。此后举荐益，任用他管理政务。

过了十年，禹帝到东方巡视，到达会稽时便去世了。天下传给了益。三年服丧期满后，益让位给禹帝的儿子启，自己隐居在箕山的南面。禹的儿子启为人贤智，天下人都愿意归附他。在禹去世的时候，虽然传位给益，但益辅佐禹帝的时间不长，天下未能全部归附。所以诸侯们都背离益而朝拜启，他们称启为：“他是我们禹帝的儿子。”于是启就登上了天子之位，他就是夏后帝启。

夏后帝启，是禹的儿子，他的母亲是涂山氏的女儿。

有扈氏①对启即位不服，启派兵前去讨伐，在甘地大战。将要战斗时，作了《甘誓》。于是召集六军首领宣布誓词。启说：“唉！六军的将领们，我宣誓告示你们：有扈氏想以暴力践踏五行的规律，废弃天、地和人的正道，上天因而要使他灭亡。现在我恭敬地替上天来执行惩罚。战车左边的人如果不在车左边进攻，战车右边的人如果不在车右边进攻，就是你们不服从命令；驾驭战马的人如果不能正确掌握进退快慢，那也是你们不服从命令。听从命令的人，将在祖庙中给予赏赐；不听从命令的，将在社神②面前杀死他，我还要

---

① 有扈氏：部族名，姒姓。与夏后氏同为禹的后代。

② 社神：祭祀土地神社中的神主。或说天子亲征时，携带它一同走。

将你们的子女罚作奴隶。”于是军队便消灭了有扈氏，天下也都来朝拜了。【28】

夏后帝启去世后，他的儿子太康帝即位。太康帝做了亡国之君，兄弟五人逃到洛河北岸等待，作了《五子之歌》。

太康去世后，他的弟弟中康即位，这就是中康帝。中康帝时，掌管四时的羲氏、和氏沉迷于酒色，致使季节、日期紊乱错杂。大臣胤前去征讨他们，于是写下了《胤征》。

中康帝死后，他的儿子帝相即位。帝相死后，儿子少康帝即位。少康帝死后，他的儿子帝予即位。帝予死后，其子帝槐即位。帝槐死后，其子帝芒即位。帝芒死后，其子帝泄即位。帝泄死后，其子帝不降即位。帝不降死后，其弟帝扃

【29】

（jiōng）即位。帝扃死后，其子帝廑（jǐn 或 qín）即位。帝廑死后，立帝不降的儿子孔甲为天子，这就是帝孔甲。帝孔甲即位后，迷信鬼神，做淫乱的事情。夏后氏的德政已经衰败了，诸侯们都开始背叛他。这时上天降下了两条龙，一条为雌性，一条为雄性，孔甲不会喂养，一时间没有找到会豢养龙的人。【29】陶唐[①]衰落以后，有一位名叫刘累的唐尧后代，曾在豢（huàn）龙氏[②]那里学习驯龙的方法，于是前来替孔甲养龙。孔甲将御龙氏的姓赐给他，让他取代了豕（shǐ）韦[③]的后代。二龙中的雌龙死了，刘累把龙肉献给孔甲吃，孔甲吃完后派人再来索要龙肉，刘累因此害怕地迁居他处。【30】

孔甲死后，其子帝皋即位。帝皋死后，其子帝发即位。帝发死后，其子帝履癸（guǐ）立，他就是夏桀（jié）。帝桀当政的时候，从孔甲帝以来诸侯就开始纷纷背叛夏朝，而

---

① 陶唐：古部族名。相传尧初居此，故称陶唐。

② 豢龙氏：善于饲养龙的部落。

③ 豕韦：祝融氏的后代。

【30】

夏桀又不推行德政，却以暴力伤害诸侯、百官，以致诸侯、百官不能忍受。于是把汤[1]召来，将他囚禁在夏台，不久就释放了他。【31】汤注重道德修养，诸侯都归附他，汤便率兵讨伐夏桀。夏桀逃往鸣条，后来被放逐而死。夏桀曾对人说："我后悔当时没有将汤杀死在夏台，才导致了今天的局面。"汤于是登上了天子位。汤赐封了夏的后代，到周朝时，夏的后代被赐封的领地是杞。

太史公说：禹本姓姒，他的后代分封为诸侯，用国名为姓，所以有夏后氏、有扈氏、有男氏、斟寻氏、彤城氏、褒

① 汤：成汤，商的建立者。

氏、费氏、杞氏、缯氏、辛氏、冥氏、斟戈氏。孔子曾校正夏朝记载四时节气的历法，因此后世学者大多传授《夏小正》里的内容。从虞舜、夏禹时起，贡赋制度就已完备了。有人说禹帝是在江南召集各地诸侯，统一衡量他们的功德时去世的，并且葬在那里，此地因而命名为会稽。会稽，意为会计，就是会集诸侯核计功绩的意思。

史记卷三

殷本纪

扫描二维码
阅读本篇原文

契　简狄　成汤　伊尹　太甲　太戊　伊陟　盘庚
武丁　纣　姬昌　比干　周武王

商朝的祖先契（xiè），契的母亲叫简狄，简狄是有娀（sōng）氏部落的女儿，也是帝喾的第二个妃子。有一次她结伴三人出去沐浴，看见一只燕子产下一只蛋，她就捡起来吞了，结果因此而怀孕生下契。【32】契长大后，帮助大禹治水立了功。舜帝就告诫契说："百姓不能和睦相处，五种伦常关系不顺畅，你做司徒，推行五教。五教的关键在于宽恕。"于是契被分封在商地。还赐他姓子。契在唐尧、虞舜和大禹的时候兴起，功业在百姓中传诵，百姓安定平和。

契死后，由儿子昭明继位。昭明死后，由儿子相土继位。相土死后，由儿子昌若继位。昌若死后，由儿子曹圉继位。曹圉死后，由儿子冥继位。冥死后，由儿子振继位。振死后，由儿子微继位。微死后，由儿子报丁继位。报丁死后，由儿子报乙继位。报乙死后，由儿子报丙继位。报丙死后，由儿子主壬继位。主壬死后，由儿子主癸继位。主癸死后，由儿子天乙继位。天乙就是成汤。

从契到成汤，都城共迁移过八次。成汤才定都在南亳（bó）[1]，追随先王帝喾，他定都在此，所以，成汤写了一

[1] 南亳：亦称东亳，古代地名，殷商成汤时的都城。春秋时称谷丘，属宋国。

篇《帝诰（gào）》。【33】

成汤拥有征伐邻近诸侯国的大权。葛伯[1]不祭祀神灵，成汤就去征伐他。成汤说：“我曾讲过：一个人可以从水里看清自己的容貌，一个国家也可以从老百姓的状况了解到治理的好坏。”成汤的大臣伊尹（yī yǐn）[2]说：“这真是贤明啊！能善于听取意见，品德才能不断长进。作为一国之君，要爱民如子，正人君子都应该得到重用。努力吧，好好努力吧。”成汤就对葛伯说：“你不敬重天命，我要重重地惩罚你，没有半点赦免的可能。”于是写了《汤征》。

伊尹受封为阿衡。以前阿衡想要觐见成汤却没有门径，因此当成汤娶有莘（shēn）氏

---

① 葛伯：商代诸侯之一，管辖葛国。

② 伊尹：商初大臣，名伊，尹是官名。其出身低贱，曾帮助成汤消灭夏桀。成汤死后，他辅佐了外丙、中壬和太甲三位商朝帝王。沃丁帝执政时，伊尹逝世。

【33】

【34】

的女儿为妃时，他充作奴仆陪嫁过去。他背着鼎俎（zǔ），用烹调的滋味来比喻施政的方法，使成汤受到启发，推行王道政策。【34】关于此事，还有另一种说法，即伊尹从前是个隐居不做官的人，成汤派人去请了五次，他才肯辅佐成汤，并跟成汤谈起远古帝王的故事和各类君王的为政方法。成汤就将国家大事都交给他管理。【35】伊尹曾离开成汤去夏朝，但他发现夏朝政治腐败，又重新回到商都亳。他从北门入城，路上遇见女鸠和女房①，就写了《女鸠》和《女房》两篇文章。

① 女鸠、女房：商初两位著名贤臣。事迹不详。

有一次，成汤外出，看见郊野四面都张着罗网，有人祷告说："让天地四方的猎物都投进我的罗网里来吧！"成汤说："唉，岂不要杀尽了吗！"就下令撤去三面罗网，并祷告说："想往左的就往左去，想往右的尽管往右跑。不听命令的就投到我的网里来吧！"诸侯听到这件事情后，都称赞说："成汤的品德已经尽善尽美了，连禽兽都能享受到他的恩泽。"【36】

在这时，夏桀暴虐荒淫，诸侯昆吾氏作乱，成汤于是起兵率领各路诸侯军队，伊尹跟随成汤，成汤亲自持钺（yuè）讨伐昆吾氏。削平昆吾氏之后，军队转而讨伐夏桀。成汤对大家说："喂，各位都请前来听我说。不是我这个人敢于带头发动叛乱，只因为夏朝作恶多端。【37】我听说你们有点想不通，但我敬畏上天，像夏朝这么罪大恶极，我不敢不去征讨，如今夏朝已经罪恶昭彰，上天命令我去消灭它。你们这些人可能会抱怨说：'我们的君王不怜惜我们，让我们抛下农活去打仗。'你们可能还会问：'既然说夏朝罪大恶极，到底犯了一些什么罪呢？'我现在来告诉你们吧。夏桀耗尽

了民众的力量，掠夺了国家的财产。百姓不愿意再为他卖力，他们恨恨地说：‘这个太阳什么时候才能完蛋呢，我们只想和它一起灭亡！’夏的品行就这样使人不堪忍受。今天我一定要去讨伐他。如果你们和我一起去执行天意，我会大大地赏赐你们。你们不要有任何怀疑，我会说到做到。如果你们还不相信我的誓言，不服从指挥，我就要严肃地惩罚你们以及你们的家属，绝不宽恕任何一个人。”成汤把这些告诉传令官，作了《汤誓》。因此，成汤说：“我非常勇武。”称作武王。

夏桀在有娀氏的故都被打败，逃到了鸣条，夏朝的军队也就彻底溃败了。于是，成汤又去讨伐三嵕（zōng）[1]，并缴获了这里的宝玉，义伯、仲伯[2]两位大臣因此写了一篇《典

---

① 三嵕：夏代诸侯国之一，忠于夏桀。

② 义伯、仲伯：商初的两位著名大臣。

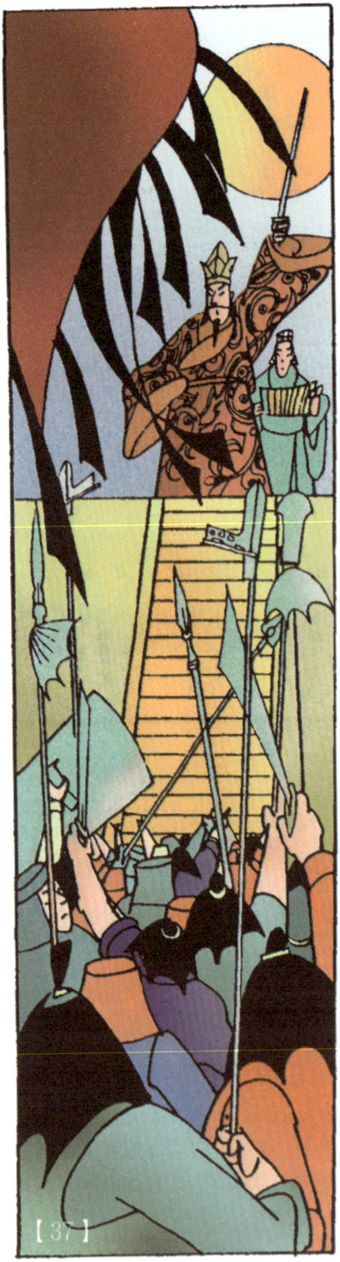

宝》。成汤战胜夏桀后，想迁走夏朝的神社，但未能如愿，就写了《夏社》一文。伊尹宣布了战争的胜利和将要推行的仁政。成汤登上了天子宝座，平定了天下。

成汤回师亳都时，路经泰卷陶这个地方，仲虺（huǐ）[①]作了一篇诰命。商朝废除了夏朝的政令，回到亳，成汤就写了一篇《汤诰》说："三月，商王亲自来到东郊。告诫各位诸侯：'如果你们不为民众建功立业，不勤勤恳恳、忠于职守，我就会大大地惩罚你们，那时候可就别怨我了。'商王接着说：'古代的夏禹、皋陶长年累月在外面辛劳，他们对老百姓有功，百姓才安居乐业。东部治理长江、北部治理济水、西部治理黄河、南部治理淮水，这四条大河治理后，老百姓才有了安定的住所。后稷传下播

① 仲虺：商初大臣之一。辅佐成汤灭夏，建立商朝，成为一代名相。

种耕耘的方法，农民们才种植了各种粮食。这三位古代圣贤都对老百姓有大功，所以他们的后代才建立了稳固的国家。从前蚩尤和他的大夫们在百姓中作乱，连上帝都不保佑他，因此他就被消灭了。这些都是有例在先的。先王的话不能不努力去做。’商王强调说：‘没有良好的品德是不准再做诸侯的，你们可不要怨我了。’”【38】成汤用上面这番话来训示各路诸侯。伊尹作了一篇《咸有一德》，司空咎单①作了一篇《明居》。

成汤更改夏朝历法，变换服饰器物的颜色，举国崇尚白色，将朝会的时间改在白天。

成汤死后，太子太丁还没来得及继位就死了，于是就由太丁的弟弟外丙继位，称为外丙帝。外丙帝继位三年后死去，由外丙的弟弟中壬继位，称为中壬帝。中壬帝继位四年后死去，伊尹就让太丁的儿子太甲继位。太甲是成汤的嫡长孙，

① 咎单：商初大臣之一。司空为所任官职，主管土木工程。

称为太甲帝。太甲帝元年，伊尹相继写了《伊训》《肆命》和《徂（cú）后》。

太甲帝继位后，不遵守成汤制定的法度，而且德行败坏，因此，伊尹把他放逐到了很远的桐宫。接下来的三年，伊尹自己摄政，代为管理国家事务，接见诸侯。

太甲帝住在桐宫三年，他深深地责备自己，愿意悔过自新。所以伊尹又把太甲帝接回来，将政权归还给了他。太甲帝从此修养德行，诸侯们都归附商朝，老百姓也安居乐业。伊尹非常赞赏这种仁政，于是写了三篇《太甲训》来赞扬太甲帝，并尊称他为太宗。

太宗死后，由他的儿子沃丁继位，沃丁帝当政的时候，伊尹去世了。伊尹被安葬在都城亳，咎单用伊尹的事迹教诲后人，写了一篇《沃丁》。沃丁死后，他的弟弟太庚继位，称为太庚帝。太庚死后，由他的儿子小甲继位。小甲死后，又由小甲的弟弟雍己继位，称为雍己帝。这时候殷商王朝的政治衰败没落，有的诸侯不来朝贡。

雍己帝死后，由他的弟弟太戊继位，称为太戊帝。太戊帝继位后，任命伊陟（zhì）[①]为宰相。国都亳出现了怪异的现象，桑树、楮（chǔ）树合生在朝堂上，一夜之间居然长到双手合抱那样粗壮。太戊帝很害怕，就问伊陟如何处置。伊陟说："我听说妖魔胜不过人的德行。是不是您在政事上还有什么不足呢？请您还是赶快修养德行吧。"【39】太戊帝听从了伊陟的意见，怪树果然自己枯死了。伊陟向巫咸[②]

① 伊陟：伊尹的儿子，商太戊帝时为宰相。

② 巫咸：商代大臣，首创用筮占卜之法。

赞扬太戊帝。巫咸帮助治理国家很有成绩，写了《咸艾》和《太戊》两篇文章。太戊帝在祖庙祭祀时盛赞伊陟对国家的贡献，并且不把伊陟当臣子看待，但伊陟自己很谦虚，还写了一篇《原命》。殷商王朝复兴，天下诸侯都愿意归附，因此太戊帝被尊为中宗。

中宗死后，由儿子中丁继位。中丁帝将都城迁到隞（áo），后来，河亶（dǎn）甲迁都到相地，再后来，祖乙又迁都到邢地。中丁帝逝世后，由他的弟弟外壬继位，称为外壬帝。但《仲丁》一文已残缺不全。外壬帝死后，弟弟河亶甲继位，称为河亶

甲帝。这时，殷商王朝又走向衰败。

河亶甲帝死后，由他的儿子祖乙继位。祖乙帝执政期间，殷商王朝再次由衰转盛，巫贤任职。

祖乙帝死后，由他的儿子祖辛继位。祖辛帝死后，由他的弟弟沃甲继位，称为沃甲帝。沃甲帝死后，由沃甲帝的哥哥、祖辛帝的儿子祖丁继位，称为祖丁帝。祖丁帝死后，由沃甲帝的儿子、祖丁帝的堂弟南庚继位，称为南庚帝。南庚帝死后，由祖丁帝的儿子阳甲继位，称为阳甲帝。阳甲帝执政的时候，殷商王朝又一次衰落。

自从中丁帝以后，常常废弃由嫡长子继位的制度，拥立兄弟或侄子当政。因此兄弟、侄子之间不断争夺帝位，造成连续九代的政治大混乱，诸侯都不肯前来朝贡。

阳甲帝死后，由他的弟弟盘庚继位，称为盘庚帝。盘庚继位时，殷朝已迁都到了黄河以北，盘庚想迁回黄河以南，

重返祖先成汤的故地。殷朝至今已迁都五次，没有安定的住所，不愿意再次迁徙。盘庚就告谕诸侯大臣说：“过去先帝成汤与你们的祖先一起平定天下，制定了一系列行之有效的法则。如果舍弃这一切，而不去努力完成他们的遗愿，那怎么成就德政呢？”于是就渡河南迁，重新建设亳都，推行成汤的治国之道，老百姓因此安居乐业，殷商王朝复兴。【40】天下诸侯都来朝贡，这一切都是由于盘庚遵循成汤德政的缘故。

盘庚死后，由他的弟弟小辛继位，称为小辛帝。小辛帝执政时期，殷商王朝又一次衰落。老百姓都思念盘庚，就写了《盘庚》三篇。小辛帝死后，由他的弟弟小乙继位，称为小乙帝。

小乙帝死后，由他的儿子武丁继位。武丁帝执政期间，一心想要振兴殷朝，可惜身边没有得力的助手，因此他三年内没有发表什么言论，朝廷大事都由冢宰①负责处理，自己则仔细观察国家的情况。有天晚上，武丁梦见得到了一个圣人，名字叫作说（yuè）②。他按照梦中圣人的形象来

① 冢宰：商代官职名称，位次三公，居六卿之首。

② 说：即傅说，商朝大臣。相传出身于奴隶，后被武丁帝发现并任用。在他的治理下，殷商变得非常强盛。

【42】

对照所有的官员，觉得都不像。于是就派遣官员们到各地去设法寻找，终于在傅险这个地方找到了说。【41】这时候，说还是服劳役的犯人，正在傅险修筑道路。说被带去见武丁，武丁说："没错，就是他！"经过交谈之后，发现说果真是一个圣人。【42】武丁就任命他为宰相，殷朝因此得到了良好的治理，而傅险这个地名也就被赐为他的姓，叫傅说。

武丁帝祭祀成汤，第二天，就有一只野鸡飞到大鼎的鼎耳上鸣叫不已，武丁很恐惧。祖己说："君王不必害怕，先修明政事再说。"祖己趁机劝喻武丁说："上天监视下民，是以他们的道义作依据的。上天赐给人的寿命有长有短，并非上天让人早死，而是人们自己的行为断送了自己。有的人不遵守道德，也不能认识错误与罪恶，等到上天降下符命来纠正他的行为，他才惊慌失措地说：'那怎么办呢？'唉！只要君王是为百姓办事情，没有不合天意的。祭祀典礼有一定的规矩，不要厚此薄彼，信奉那些应该抛弃的方法。"武丁就修明政事，注意德行，天下的臣民都很高兴，殷朝又一次复兴。

武丁帝死后，由他的儿子祖庚继位。祖已为了赞扬武丁能够以野鸡鸣叫的事件为警戒，努力修养品德，就兴建了祠庙，并尊称他为高宗，还写了《高宗肜（róng）日》与《训》两篇文章。

祖庚帝死后，由他的弟弟祖甲继位，称为祖甲帝。祖甲帝荒淫无德，殷朝又一次衰落。

祖甲死后，由他的儿子廪辛继位。廪辛帝死后，由他的弟弟庚丁继位，称为庚丁帝。庚丁帝死后，由他的儿子武乙继位，殷朝再次离开亳都，迁到黄河以北的朝歌城。

武乙专搞邪门歪道，竟然用木偶当天神，自己与天神赌博，让别人做裁判，如果天神输了，他就想方设法加以侮辱。他还将装满鲜血的皮袋子挂在高处，挽弓搭箭朝皮袋射击，并称这种做法为“射天”。有一次，武乙帝在黄河、渭水一带打猎的时候，突然遇到雷击，把武乙帝震死了。他的儿子太丁继位。太丁帝死后，又由太丁的儿子帝乙继位。帝乙当政期间，殷朝更加衰败。

帝乙的长子叫微子启。启的母亲身份很卑贱，所以启没被立为太子。帝乙的小儿子名叫辛，辛的母亲是正宫娘娘，辛就因此被定为继承人。帝乙死后，辛正式即位，称为帝辛。不过，天下人都叫他为“纣”。

纣帝天资聪慧，擅长雄辩，反应敏捷，见多识广，力气超人，能赤手空拳与猛兽搏斗。【43】但他过分满足于自己的天赋，拒绝大臣们的劝谏，又喜欢显示口才，总是文过饰非。他常常在大臣面前炫耀自己的才能，在天下抬高声威，认为别人都不如自己。纣王嗜酒好色，尤其宠爱一个名叫妲己[①]的美女，对妲己言听计从。【44】他让一个名叫涓的宫廷乐师不断创作花样翻新的淫词艳曲，自己终日沉湎于放荡的舞蹈和颓废的音乐。他横征暴敛，滥设苛捐杂税，以充实鹿台[②]里的钱财和钜(jù)桥仓中的粮食。他又设法搜寻珍奇玩物和狗马，充塞宫室。他

① 妲己：商纣王宠妃，有苏部族进献的美女。武王灭商时被杀。

② 鹿台：又名南单台，商纣王时的金库所在地。

还扩建在沙丘的林苑楼台，猎取飞禽走兽饲养在园中，怠慢殷朝人敬畏的鬼神。与此同时，他在沙丘聚众表演各种下流的歌舞游戏。把酒灌满池，把肉悬挂成林，让男女赤身裸体在其中追逐玩耍。

老百姓都怨声载道，有的诸侯干脆公开反叛。于是，纣王加重刑罚，设置了一种名叫炮烙的酷刑。【45】当时，西伯姬昌、九侯和鄂侯被任命为朝中三公①。九侯将自己漂亮的女儿献给了纣王，但他女儿讨厌纣王的淫乱，纣王大怒，杀了她，而且还把九侯剁成了肉酱。【46】鄂侯前来劝阻，因为言辞激烈，也被杀死后做成了干肉条。西伯姬昌听到这件事，不敢再说什么，只在背地里叹息了一声，但

【45】

---

① 朝中三公：姬昌：即周文王，周武王姬发的父亲，商纣王时为西伯。九侯：亦称“鬼侯”，商代大臣。鄂侯：商代大臣。

被崇侯虎[1]知道了，就报告了纣王。纣王当即把姬昌囚禁在羑（yǒu）里。姬昌的臣子闳（hóng）夭等人，搜寻了很多美女、奇物和好马献给纣王，纣王才将姬昌赦免了。姬昌出狱后，进献了洛河西岸的大片土地给纣王，请求他废除炮烙这种酷刑。纣王同意了他的要求，并赐给他弓箭斧钺，授予他征伐反叛诸侯的权利。至于朝中一切政事，则由费仲[2]具体负责。费仲这个人擅长阿谀，贪图小利，殷朝的百姓都不亲附他。纣王就改让恶来[3]负责朝政。但恶来是个善于毁谤别人、进献谗言的人物。因此，诸侯更加与朝廷离心离德。

西伯姬昌回去以后，暗中修养品德，推行仁政，许多诸侯都背叛纣王，归顺西伯。西伯姬昌的势力越来越大，纣王的势力逐渐减弱。王子比干劝说纣王，纣王根本不听。商容[4]是贤士，老百姓爱戴他，可纣王将他废弃不用。等到西伯出

① 崇侯虎：商代诸侯之一。
② 费仲：又称“费中”，商代大臣。官声不佳。
③ 恶来：秦人祖先，商封王时为大臣。官声不佳。
④ 商容：又作“常枞”。商代大臣。被称为贤达之士。

兵征伐饥国[1]，并将它消灭，纣王的大臣祖伊听到这件事情后，责备西伯过分地利用了征伐之权，感到事情发展下去会很可怕，就跑去对纣王劝告说：“上天已经断了我们殷朝的气数，无论观察人事，还是算卦占卜，结果都是同样的糟糕。这并不是先王们不保佑子孙后代，而是您荒淫残暴，自取灭亡，所以上天才抛弃我们。您这样做，让大家吃饭都无法安心。您既不了解天意，又不遵循常规，现在我们的百姓没有人不盼着您早点死掉。他们说：‘上天的惩罚为什么还迟迟不来呢？适合做国王的人也为什么还不来呢！’现在您该怎么办呢？”纣王回答说：“我命中注定要做国王，怕什么老百姓的诅咒！”祖伊回去后对人说：“纣王是没办法再劝过来了。”西伯死后，周武王就率军东征，来到孟津，而追随武王会师征伐的大小诸侯竟有八百个之多。诸侯们都说：“现在是可以征伐纣王的时候了。”周武王却说：“你们并不了解天命，时机还没有完全成熟。”于是领兵撤回。【47】

纣王更加毫无止境地淫乱胡来。微子多次劝说，都无济于事，只好跟太师、少师商量好逃走了。比干[2]说：“我作为朝廷大臣，应该冒死力争。”于是就强行劝说纣王。纣王生气地说：“我曾听说圣人长有七个心眼，现在来验证一下吧。”接着就剖开了比干的胸膛，取出他的心来观看。箕子[3]很恐惧，就假装疯疯癫癫，扮成奴隶模样，纣王还是囚禁了他。殷朝的太师和少师只好拿着祭器和乐器逃到了周国。周武王就正

① 饥国：又作“阢”或“耆”，商代诸侯国之一。

② 比干：商纣王的叔父，身为贵族，官居少师。

③ 箕子：商朝贵族，官居太师。因劝谏纣王而遭囚禁。周武王灭商后被释放出来。

式统率天下诸侯前来讨伐纣王。纣王派兵在朝歌郊外的牧野一带抵抗。甲子日那一天，纣王的军队大败，纣王自己跑到朝歌城内的鹿台，穿上珠宝玉衣，投火自焚。周武王砍下纣王的脑袋，悬挂在大白旗杆上。杀了妲己，释放了箕子，修整了比干的坟墓，还表彰了商容所在的乡里。分封纣王的儿子武庚[①]禄父（fǔ）为诸侯。让他实行由盘庚制定的各项政令。殷朝的老百姓都非常高兴。因此，周武王登上了天子宝座。但后世降低了夏、商、周三代的帝，称为王。殷朝的后代都被封为诸侯，直接隶属于周天子。

周武王死后，武庚和管叔鲜、蔡叔度趁机发动叛乱。周武王命周公[②]杀了武庚、管叔和蔡叔。将微子分封在宋国，以延续殷人的香火。

---

① 武庚：字禄父，商纣王之子，被周武王封为殷君，后勾结三监管叔鲜和蔡叔度发动叛乱。

② 周公：又称周公旦、叔旦，武王之弟，周初政治家。曾辅佐武王灭商。武王死后，因成王年幼，由他摄政。武庚勾结三监发动叛乱，周公率军平叛。又继续分封诸侯，营建洛邑，以此作为统治中原的政治中心。事迹详见《鲁周公世家》。

太史公说：我根据《商颂》来编写关于契的事情。从成汤以后，参考的就是《尚书》和《诗经》了。契被赐姓为子，他的后代被分封到各地，并以所封的国名作为姓氏。因此，有殷氏、来氏、宋氏、空桐氏、稚氏、北殷氏和目夷氏。孔子说，殷朝人造的车很漂亮，而且崇尚白色。

知识拓展

网开一面

释义：本作“网开三面”。现多比喻从宽处理罪犯，给以改过自新的出路。

出处：《史记·殷本纪》：“汤出，见野张网四面，祝曰：‘自天下四方皆入吾网。’汤曰：‘嘻，尽之矣！’乃去其三面，祝曰：‘欲左，左。欲右，右。不用命，乃入吾网。’诸侯闻之，曰：‘汤德至矣，及禽兽。’”

史记卷四 周本纪

扫描二维码
阅读本篇原文

弃　姜原　古公亶父　文王昌　武王发　太公望
周公旦　成王　穆王　厉王　召公　芮良夫
荣夷公　幽王　平王　虢石父　赧王延　周冣

周的始祖后稷名叫弃。后稷的母亲是有邰（tái）部落的女子，名叫姜原。姜原是帝喾的元妃。有一天，姜原来到野外，看见地上有巨人的脚印，内心油然而生喜悦之情，想踏进去试试，刚一踏进去，即感到腹内剧烈震动，像怀了孕一样。【48】过了一年，果然生下了一个儿子，姜原认为这个儿子不吉祥，就把他抛弃在一小巷里。但牛马经过小巷时，都避开，不去践踏他。又改放到树林里，可树林里恰好有很多人。因此，姜原又把他扔到水沟的冰面上。正在这个时候，一群飞鸟用翅膀覆盖和衬垫着他。【49】姜原觉得他很神异，将他收养起来抚育成人。因为姜原最开始想把他舍弃，所以叫他做弃。

弃在儿童时代就出类拔萃，有大人物的宏伟志向。他做游戏时，很喜欢种麻和豆子，而且都长得非常好。成年以后，他很爱好耕田种地。他先考察土地的状况，适合种植谷物的地方就种植谷物，老百姓都纷纷学习他。【50】尧帝听到这件事以后，就任命弃为农业官员。天下人都得到他的好处，弃很有功绩。舜帝说："正当老百姓面临饥饿的时候，弃作为农官教会他们如何种植各种粮食。"所以，尧帝将弃分封在邰地，称作"后稷"，并让他另姓姬。后稷家族兴旺发达，

正值唐尧、虞舜和夏禹时代，他和后代族人都有美好的德行。

后稷死了以后，由他的儿子不窋（zhú）继位。到了不窋的晚年，夏朝政治衰败，不重视农业，废除了“后稷”这个农业官职，不窋因此丢了官，逃到了戎狄族居住的地区。不窋死后，由他的儿子鞠继位。鞠死后，又由鞠的儿子公刘继位。公刘虽然身居戎狄地区，却继续从事后稷开创的祖业，以耕种务农为本，种瓜种豆，因地制宜，公刘还带领大家从漆、沮两条支流上渡过渭水，采伐木材以供使用。所以，使得外出的人有财物，住家的人有积蓄。老百姓都托公刘的福，非常感激他。远处的人纷纷迁徙到他周围，拥护归附他。周朝就是从这个时候开始政通人和的。因此，诗人们曾经专门创作了赞颂他的诗歌。公刘死后，由他的儿子庆节继位。在豳（bīn）邑建立了国都。

庆节死后，由他的儿子皇仆继位。皇仆死后，由他的儿子差弗继位，差弗死后，由他的儿子毁隃（yú）继位。毁隃死后，由他的儿子公非继位。公非死后，由他的儿子高圉继位。

高圉死后，由他的儿子亚圉继位。亚圉死后，由他的儿子公叔祖类继位。公叔祖类死后，由他的儿子古公亶父继位。

古公亶父继承了后稷、公刘的事业，施行仁政，广做善事，国人都很爱戴他。荤粥、戎狄等部族前来攻打古公亶父，想得到财物，古公亶父就把财物送给他们。不久戎狄又来攻打，想掠夺土地和百姓。老百姓都义愤填膺，准备起来还击。古公亶父却劝阻说："人民拥立君主的目的，是为了让君主给大家谋福利。现在戎狄前来攻打的原因，无非是想霸占土地和人民。就人民而言，跟随我与跟随他们并没有实质上的区别。而你们却要为我去战斗，这等于是我杀了人家的父子，再来做人家的君王，我不忍心这样做。"于是，古公亶父就带着属于自己的部属离开了豳邑，渡过漆水和沮水，翻越梁山，来到岐山脚下定居。整个豳邑的人都扶老携幼找到岐山，重新归附于古公亶父。附近其他国家的百姓听说古公如此大仁大义，也有很多人来归附他。从这时起，古公开始着手改

革戎狄族的游牧习俗，建造城墙房屋，把老百姓分派在每个邑，定居下来。又设立各种官职，分工负责，管理大小事务。老百姓把这一切都编成诗歌乐曲，颂扬古公的大恩大德。

古公的长子名叫太伯，次子名叫虞仲。太姜又生了个幼子叫季历。季历娶太任为妻。太任、太姜都是很贤惠的女人。太任生昌时，有一种圣人降临的吉兆。古公就说：“我们家族也该有干大事的伟人出现了，这个伟人大概就是昌吧？”太伯和虞仲知道古公准备让季历继位，以便将来能传位给昌，他们俩就跑到了荒蛮的吴越地区，按当地风俗剪发文身，以

此表示坚决不回家，让季历顺利继位。【51】

古公死后，由季历继位，这就是公季。公季继承了古公的未竟之业，一心一意致力于修养道德，施行仁义，因此诸侯都愿意归顺他。

公季死后，由他的儿子昌继位，这就是西伯姬昌。姬昌被后人尊称为文王。他遵循后稷、公刘所开创的事业，效法古公、公季的办事方针，虔诚地施行仁政。尊敬长老、慈爱晚辈、礼貌待人、重视贤才。为了接待有才学的人士，他常常忙得太阳当顶了都没有吃饭。因此，贤才学士大多数都投到了他的门下。伯夷、叔齐①当时正在孤竹国，听到姬昌非常尊敬长者，就赶来归依。至于像太颠、闳夭、散宜生、鬻(yù)子和辛甲大夫②之类的贤人，更是争相投奔。

崇侯虎在殷纣王面前诬陷西伯说："西伯推行善政、积累恩德，诸侯们都归向他。这种情况对天子您将会大大的不利。"因此，纣王就把西伯囚禁在羑里。闳夭等人很担心西伯会遭不测，就搜集了有莘部落的美女、骊戎部族的骏马、有熊部族的能拉九辆车的三十六匹快马以及其他很多珍奇宝物，托纣王的宠臣费仲进献给纣王。纣王非常高兴地说："其实只要有其中的任何一件东西，就完全可以释放西伯了，何

① 伯夷、叔齐：商末孤竹君的长子和次子，出身于墨胎氏。初孤竹君以次子叔齐为继承人。孤竹君死后，叔齐让位，伯夷不受，二人一起投奔周国。但他们反对武王讨伐商纣王。所以，武王灭商后，他们又一起逃到首阳山，不食周粟而死。被后世称为有骨气的大贤者。

② 太颠、闳夭、散宜生、鬻子、辛甲大夫：同为西周初年大臣，早有贤名。投奔周国后，一起辅佐周文王姬昌。文王被囚禁时，又设法营救，使文王得释。文王死后，共同辅佐武王完成灭商大业。

况有这么多的好东西呢？”于是就赦免了西伯，还赐给他弓箭斧钺，授予他征伐其他诸侯的权利。纣王说：“诬陷西伯的人是崇侯虎。”西伯回去后，向纣王进献了洛水以西的大片土地，以此请求纣王废除炮烙酷刑，纣王也同意了这个要求。

西伯暗中大行善事，诸侯之间有什么争端，都愿意找西伯来裁决。因此，虞、芮两国的人有了打不清的官司，跑到周国来申诉。但这两个国家的人到了周国的境内一看，耕田的人都互让田界，百姓都尊重长者，所以，他们还没有见到西伯，就都很惭愧地说：“我们斤斤计较的事，正是周国人感到羞耻的事情。何必再去找西伯评什么是非呢？结果只会让我们羞愧得无地自容。”于是谦让着离开周国。诸侯们听到这些事情，都说：“西伯真是个承受了天命的君主。”

第二年，西伯讨伐犬戎部族。又过一年，西伯讨伐密须部族。又过了一年，西伯打败耆国。殷朝大臣祖伊听到这些战况，很恐惧，就把这种担忧告诉了纣王。纣王说：“我不是承受天命才做帝王的吗？他能有什么了不起呢？”接下来的一年，西伯征伐邘（yú）国。再过一年，西伯征伐崇侯虎，并开始营建丰邑城，将国都从岐山脚下迁到丰邑。又过了一年，西伯逝世。由太子发继位，这就是周武王。

西伯大约在位五十年。他被囚禁在羑里时，据说将《易经》里的八卦演变成为六十四卦。《诗经》的作者赞扬西伯，认为他承受天命称王的那年，由于处理虞、芮两国人的争端而得到诸侯们的拥护。西伯称王十年就逝世了，后来被追封为文王。文王建立了一整套自己的法令制度，制定了自己的历法。他追尊古公为太王、公季为王季。大概他认为周朝王业的兴起是从太王古公亶父时代开始的。

武王即位后，用太公望①为军师，周公旦为宰辅，用召（shào）公、毕公②等人为助手，学习和继承文王留下的事业。

九年，周武王在毕地祭祀文王，又前往东部地区检阅军队，一直到达盟津。同时，武王用木头制成文王的灵位，用军车装着，供奉在中军的大帐内。武王自己谦称为太子发，说是按照文王的意思来讨伐，不敢自己独断专行。他告诫司马、司徒、司空以及各位军官说：“大家要虔诚戒惧，切实努力。我原本是个没什么才智的人，只因为祖先的功德无量，我才能承袭余荫，敬业守成。所以，我一定要赏罚分明，争取完成祖先遗留下来的大业。”于是，武王的大军向殷都进发。太公望传下号令说：“你们要迅速集合好各自的队伍，准备好船只。行动迟缓的一律处斩。”武王横渡黄河时，行船到了中流，恰好有一条白鱼跳到了船里。武王捡起这条鱼，用来祭祀天神。过河上岸后，又有一团火从天而降，到了武王住所的屋顶时，化作一只红色的乌鸦，发出平稳的叫声。【52】这时候，各国八百个诸侯虽然没有事先约定，却都在盟津聚会了。诸侯们说：“可以前去讨伐纣王了。”武王回答诸侯们说：“你们还不了解上天的意思，现在还不能讨伐。”所以，武王又领兵回去了。

---

① 太公望：姜姓，吕氏，名望，西周大臣。民间习称为姜太公。事迹详见于《齐太公世家》。

② 召公、毕公：两人均为西周初大臣。召公姬姓，名奭（shì），周王同族人，或说是文王之子，因灭商有功，被封于燕，为西周燕国始祖。事迹详见于《燕召公世家》。毕公名高，为周文王之子，因辅佐灭商有功，被封于毕，故称为毕公。

【52】

过了两年，听说纣王比以前更加残暴昏庸，杀了比干，囚禁了大臣箕子。逼得太师疵（cī）和少师彊怀抱乐器投奔到周国。这时，武王正式向天下诸侯宣告说：“殷纣王罪孽深重，不可不全力讨伐。”于是，就遵循文王的遗旨，率领三百辆战车，三千名勇士，四万五千名带甲的武士，浩浩荡荡地向东开进，讨伐纣王。十一年十二月戊午那一天，武王的军队全部渡过盟津与各路诸侯的军队会师。武王说：“你们都要努力不懈，切不可轻敌。”于是，武王就作了一篇《太誓》，宣告天下：“如今殷纣王听信女人的谗言，自己断绝天命，毁弃道统，疏远同胞亲族，抛弃祖传乐曲，自编淫词艳曲，用靡靡之音来干扰严肃的正乐，一味地讨好女人。所以，我姬发现在要恭敬地执行上天的惩罚。各位将士要奋力向前！争取一举成功！机不可失，时不再来。”

二月甲子日，天刚蒙蒙亮，武王率大军来到商都郊外的牧野，在那里誓师。武王左手拿着金黄色的巨斧，右手拿着

洁白的旄旗，亲自指挥战斗。【53】武王说："从西部远道而来的将士们，你们辛苦了。愿意跟我一起征伐纣王的各位诸侯、司徒、司马、司空，亚旅、师氏、千夫长、百夫长①，以及庸、蜀、羌、髳（máo）、微、纑、彭、濮（pú）等国的将士们，操起你们的戈，紧握你们的盾，举起你们的矛，现在我要正式宣誓。古人曾经说过：'母鸡不应该报晓，如果哪天早晨母鸡啼叫，就会有倾家荡产的大祸。'而如今纣

① 亚旅、师氏、千夫长、百夫长：西周职官名。亚旅为仅次于卿的各类士大夫；师氏为带兵打仗的大夫；千夫长为统率一千士兵的军官；百夫长为统率一百名士兵的军官。

王只听信女人的话，荒废对祖先的祭祀，不感激祖先的恩惠；他昏庸腐败，置国家利益于不顾；他不用同胞兄弟和本家亲族，却推崇罪大恶极、四处逃窜的犯人，对犯人百般信任，加以重用；他滥施暴政，残害百姓，在商国干尽了坏事。现在我姬发要恭敬地执行上天的惩罚。在今天的战斗中，每前进六七步，就应该停顿一下，整理队伍，再齐头并进，各位将士努力吧！每冲锋四次、五次、六次或者七次。也要停下来整顿队伍，齐头并进，各位将士努力吧！希望大家都威武英勇，像老虎熊罴，像豺狼螭（chī）蛟。在这次商都郊外的战斗中，不要拒绝或杀害跑来投降的士兵，可以将他们带回西部去服劳役。各位加倍努力吧！如果你们不奋勇杀敌，那么对你们一样进行杀戮。”誓师完毕，诸侯们的军队全部聚集在一起，共有四千辆战车，在牧野摆开了威武的战阵。

纣王听说武王前来攻击，也派了七十万大军去迎战。武王先命令军师太公望带领一百名勇士冲进纣王军队中挑战，然后再出动大部队冲杀纣王军队。纣王的军队虽然人多势众，但都没有斗志，内心只希望武王的军队快点进城，自己好反戈一击，为武王开路。很快，武王用战车冲锋，纣王的军队全线崩溃，背叛了纣王。纣王逃回城内，登上鹿台，穿上珠光宝气的衣服，自焚而死。【54】武王手持大白旗，指挥各路诸侯的军队，诸侯们上前参拜武王，武王向诸侯们拱手还礼。诸侯们跟从武王一起进了商都朝歌。于是，武王让大臣们向商朝老百姓说：“上天会赐福给大家的。”老百姓再次下跪拜谢，武王也回礼答谢。进城以后，来到纣王自焚的地方。武王亲自向纣王的尸体射了三箭之后，才走下战车，用宝剑

【54】

连击尸体，再用黄色巨斧将纣王的头砍下来悬挂在大白旗的旗杆上。接着，武王又找到纣王的两个宠妃，这两个女人都上吊自杀了。武王又射了三箭，用剑击尸体，用黑色大斧砍下她们的头，悬挂在小白旗的旗杆上。武王执行完这一切上天的惩罚后，就出城回了自己的军营。【55】

第二天，武王下令清理道路、修整神社和纣王宫殿，准备举行入城式。到了选定的吉时，由一百名壮士手持云罕旗为先导，接着是武王弟弟叔振铎（duó）护卫的仪仗车辆。周公旦握着大斧、毕公握着小斧，分别站立在武王的两边。散宜生、太颠、闳夭等人都手拿宝剑，守护在武王周围。进城以后，武王站立在神社的南边、大部队的左边，文臣武将紧跟在他身后。毛叔郑[①]捧着月夜采集的露水，卫康叔封[②]铺好草编的垫席，召公奭进献币帛，军师太公望牵着祭牲。尹佚宣读祝文说："殷朝的末代子孙季纣将先王受之于天的美德抛得一干二净，他侮辱神灵，荒废祭祀，对商国民众昏庸

① 毛叔郑：周文王之子，名叔郑，封于毛，为伯爵。
② 卫康叔封：周武王之弟，名封。事迹详见于《卫康叔世家》。

残暴。所有这些罪恶都彰明显著，早被上帝知道了。”于是，武王叩拜两次说：“我承受改朝换代的天命，代天消灭殷朝，接受上天昭示的使命。”说完，武王又叩拜两次，然后才离开神社。

武王将殷朝遗民赐封给纣王的儿子禄父。武王就让他的弟弟管叔鲜和蔡叔度辅佐禄父治理殷国。然后，武王命令召公释放了被囚禁的箕子，命令毕公释放了被囚禁的老百姓，表彰商容所在的乡里；命令南宫括分发鹿台的财产，发放钜桥的存粮。命令南宫括和史佚①公开展览九鼎和宝玉；命令闳夭修整比干的坟墓；命令宗祝官在军营中举行祭典。完成这一系列大事之后，武王才率兵回到西部本土。在班师的路上，武王注意了解观察，仔细记录政事，写了《武成》一文。武王分封诸侯，给他们赏赐宗庙的祭器，又写了《分殷之器物》。武王追念从前的圣明帝王，就将神农的后代分封在焦地、黄帝的后代分封在祝地、尧帝的后代分封在蓟地、舜帝的后代分封在陈地、大禹的后代分封在杞地。接着，武王又分封功臣谋士，军师太公望的功劳最大，第一个被赐封。太公望被封在营丘，国号齐；弟弟周公旦被封在曲阜，国号鲁；召公奭分封在燕国；弟弟叔鲜分封在管国；弟弟叔度分封在蔡国。其他的官员也按等级依次受封。

武王召集九州的长官，一起登上豳地的山岗，眺望商朝都城。自从回到周地以后，武王非常忧虑，彻夜不能入睡。周公旦来到武王的住所问道：“您为什么还睡不着呢？”

---

① 南宫括、史佚：周初大臣，曾辅佐武王灭商。

武王回答说："告诉你吧，上天不保佑殷朝。从我还没出生算起，到现在已有六十年之久了。田园荒芜，民不聊生。因为上天不保佑殷朝，我们今天才能成功。回想当初殷朝承受天命，刚刚建立王朝的时候，朝中任用的贤才有三百六十人之多，虽然政绩不显著，也不致于灭亡，后来竟然落到今天这一步。我并不知道上天是否保佑我们周朝，怎么能睡得着呢？"武王接着说："我一定要让上天保佑周朝，让天下的人都归服朝廷。我要除恶务尽，让恶人都受到与纣王同样的惩罚。我要不分昼夜地为老百姓操劳，诚心诚意地招揽贤士，让周朝社会和平安定。我要继承先王的品德和功业，让周朝的德政普惠天下。从洛水到伊水地势平坦开阔，没有什么险阻，曾是夏代定居的地方。我曾经南望三涂山，北望太行山，眺望黄河两岸。经过考察比较，觉得还是应该定都在洛水和伊水之间的地带。"于是，开始大规模营建洛邑，定为都城。然后，武王离开洛邑，把马放养到华山南面，把牛放养到桃林的山坡上，将武器

收藏入库，解散军队，向天下表示不再用兵动武了。【56】

消灭殷朝两年后，武王有一次问箕子，殷朝灭亡的原因是什么。箕子不忍心说殷朝的罪恶，只是回答了一些关于国家兴亡的普通道理。武王自己也觉得不好意思。

武王病倒了，而天下还没有太平，大臣们非常恐惧，恭敬虔诚地占卜，询问天意，周公也斋戒沐浴，祭神求鬼，为武王消灾，并表示愿意自己代武王去死。因此，武王的病情逐渐好转。过了一些年后，武王才病逝，由太子诵继承王位，这就是周成王。

因为成王年纪还小，周朝又刚刚平定天下，周公担心诸侯们会起来反叛，就自己出面暂时代理政务。管叔、蔡叔这些兄弟辈分的人怀疑周公图谋篡位，就勾结武庚发动叛乱，背叛朝廷。周公遵循成王的命令，讨伐诛杀了武庚和管叔，流放了蔡叔，让微子继承殷朝宗族，在宋地建立新的国家。同时，又收容了一些殷朝遗民，赐给武王的小弟弟姬封，封姬封为卫康叔。晋唐叔得到了一种象征吉祥的谷子，进献给成王，成王就转赐给还留在军营之中的周公。周公在东方接受了这些吉祥的谷子，并宣布了天子的命令。当初管叔、蔡叔反叛周王室时，周公征讨他们，经过三年时间才彻底平定。所以，周公先写了《大诰》，然后又依次写了《微子之命》《归禾》《嘉禾》《康诰》《酒诰》和《梓材》。那些事情都记载在《鲁周公世家》的这些文章里。周公代行政事的时间一共是七年，当成王长大后，周公就将政权交还给了成王，自己退回到大臣的位置。

成王虽然住在丰邑，但还是按照武王的遗愿，命令召公营建洛邑。周公也再次占卜选择，反复勘察，终于将洛邑城建好了。随后，就把九座宝鼎安放在洛邑新城内。周公说：“这里位于天下的中心，从四面八方来进贡的诸侯所走的路程都基本相等。”于是，就感慨地写了《召诰》和《洛诰》。成王将殷朝遗民迁到了洛邑，周公把成王的命令宣告给他们，写了《多士》和《无佚》。成王任命召公为太保，周公为太师，向东讨伐淮夷，消灭了奄国，将奄国的君主迁徙到薄姑。成王从奄国回来后，在宗周写下了《多方》。当殷朝的残余势力被彻底平定，淮夷部族被消灭之后，成王就正式回师丰邑，并写下了《周官》。从此以后，周朝重新规定礼仪，谱制、规范音乐，改革政令制度，老百姓和睦相处，到处都是太平赞歌。成王讨伐东夷后，息慎部族前来祝贺，成王赏赐了荣伯，并命令他写了《贿息慎之命》，记载此事。

成王逝世前，担心太子钊不能单独胜任大事，就命令召公、毕公率领诸侯们辅佐太子登位。成王逝世后，召公和毕公率领各位诸侯，和太子钊一起参拜先王神庙。同时还告诫太子说，文王、武王等先辈创下这份帝王之业不容易，守成的帝王应该处处节俭，不可有过多的奢望，要怀着忠诚、专一和信义之心来治理国家。为此，召公和毕公写下了《顾命》。于是，太子钊正式即位，这就是周康王。康王即位以后，就向天下诸侯宣讲文王和武王的创业精神，写下了《康诰》。所以，在成王、康王执政期间，天下安定太平，停止用刑长达四十年之久。康王命令负责起草策命的毕公将一部分周朝居民迁往城外，分别按村落定居下来，作为都城的郊野屏藩。为此，又写了《毕命》。

康王死后，由他的儿子瑕继位，称为昭王。昭王执政期间，帝王的道德仁政开始出现缺陷。昭王巡视南方时，没有返回都城，死在长江之上。但他死后，并没有向天下诸侯报丧，为的是避讳昭王的死因。诸侯们拥立昭王的儿子满继位，这就是穆王。穆王即位的时候，已经有五十岁了。因为这时候王道已经衰败，穆王悲叹文王和武王传下的王道缺失，于是就任命伯冏①做太仆，告诫他要致力于国家的政事，并写下了《冏命》。国家重新恢复了安定。

穆王准备去征讨犬戎部族，祭（zhài）公谋父（fǔ）②劝阻说："不能这样做。先王对待天下诸侯只显示德行而不炫耀武力。平时积蓄兵力，等待时机出动，一出动才有威力；炫耀武力随便使用，就没有什么威力了。【57】所以周文公写的颂歌里说：'收好干戈，藏好弓箭，我只追求美好的德行，并把它推广到普天之下，一定能够用王道来保佑周朝。'先王对待老百姓，总是勉励他们端正品德，修养性情，同时，尽量增加他们的财富，改进他们的生产工具，让他们知道利和害的所在，通过教育引导，使他们避害趋利，感怀恩德而畏惧刑罚，只有这样才能保持国力，并发扬光大。从前我们的先王世代都是做农官，为虞、夏两朝服务。后来夏朝衰败，不注重农事，废弃了后稷这个官职，先王不窋因此失去了官位，自己逃到了戎狄族居住的地方。他在那里不荒怠农业，经常提高自己的品德标准，继续自己的事业，修治教化制度，从早到晚都克勤克俭，并始终保持敦厚老实的态度，作忠诚

① 伯冏：周穆王的大臣，官居太仆，负责管理周王室内务。

② 祭公谋父：周穆王的大臣。名谋父，封于祭，公爵。

信义的表率，所以才这样一代代成就德业，不致于辱没祖先。到了文王、武王时代，更是发扬了从前的光辉，再加上慈爱和善，敬事神明，保护老百姓，天下没有不欢欣鼓舞的。商王帝辛对百姓犯下了大罪，百姓忍无可忍，都高兴地拥戴武王，武王才在牧野打败商王的军队。所以，先王不致力于武力，而是深切地体恤民生疾苦，用武力为民除害啊。先王的制度：国都近郊是甸服；甸服之外是侯服；侯服周围是宾服；蛮夷地区是要服；戎狄地区是荒服。凡属甸服的官员要参与天子父亲与祖父的祭礼；属侯服的诸侯应

参与祭祀天子的高祖和曾祖父；属宾服的君主要向天子始祖的祭祀典礼进献祭品；属要服的君长必须每年进贡；属荒服的君长必须承认周天子的正统地位。祭礼每日举行；祀礼每月举行；祭祀始祖的祭品按四季进献；进贡每年一次；终身承认周王朝的正统。先王推行这一套祭祀制度，遇到有不参加祭礼的，就做自我反省；有不参加祀礼的，就检查自己的语言号令；有不献享的，就修正法典政令；有不来进贡的，就注意名分声威；有不归顺周王朝的，就强化自己仁义礼乐等德的修养。如果这一切都依次做到了，还有坚持不来的，才能够动用刑罚，才能够理直气壮地惩罚不供祭的、讨伐不供祀的、征剿不献享的、责备不进贡的、晓谕不归顺的。这样，才产生了刑罚的法律、讨伐的军队、征剿的措施、威严谴责的诏令、义正词严的义告。如果属于要服和荒服的部族，在责备和劝告之后，依然固执地不来进贡。不想归顺，天子也还是应该加强品德修养，不要让老百姓去劳苦远征。这样一来近处就没有人不服从，远方也没有人不归顺。如今自从大毕和伯士[①]归顺周朝以后，犬戎族一直按照他们荒服的职分尊奉周天子，并按时朝拜，而您却说：'我一定要按"不享"的罪名去征讨他们，向他们显示我的武力。'这岂不是抛弃了先王的遗训，破坏了先王的制度吗？我听说犬戎树立了敦厚的风尚，能够遵循祖先传下的美德，始终如一地固守，完全具有抵御我们的力量。"但穆王不听劝阻，仍然率兵征讨犬戎，结果只打了四头白狼、四头白鹿回来，而从此以后，

① 大毕、伯士：人名，为犬戎族的两位君主。

属于荒服的部族都不来朝拜了。

诸侯之间出现了不和睦的现象，宰相甫侯将这种情况上报穆王，于是，朝廷就制定了完整的刑法。穆王说："喂，都过来听着吧，你们这些拥有国家和土地的诸侯们，让我告诉你们一部完善的刑法。如今你们要安抚老百姓，所选择的不正是良好的官吏吗？所敬慎的不正是完善的刑法吗？所称道的不正是执法公平吗？新刑法规定，在原告和被告都到齐之后，法官要用五种方法审理案件，如果用这五种方法审得的结果都核实无误，就按五刑判决；如果判五刑的材料还不核实，就按五罚[①]处理；如果五罚还不能让被告心服，便按五过处理。五过的毛病，就是狱官假公济私和行贿等事，所有罪行一定要严格核实，使罪罚相等。按五刑定罪，遇到难以核实之处，就要从轻发落；按五罚定罪，遇到无法核实之处，也要宽大处理，考虑周密，才能做到有根有据，要检核确实，取信于民，审讯时要有根据。如果确实属于没法查证的案件，那就不要胡乱处理，要严肃地维护天子的威严。应对被告处以墨刑的案件，如果有可疑之处，就从轻改为罚钱一百锾（huán）[②]，将案情核实清楚以后再作处理；应对被告处以劓刑的案件，如果有可疑之处，就从轻改为罚钱二百锾，将案情核实清楚以后再作处理；应对被告处以膑刑的案件，如果有可疑之处，就从轻改为罚钱三百三十锾，将案情核实清楚以后再作处理；应对被告处以宫刑的案件，如果有可疑之处，就从轻改为罚钱五百锾，将案情核实清楚以后再

① 五罚：对罪行不够五刑的人处以五种赎金。

② 百锾：分为三斤，或说六百两。

作处理；应对被告处以死刑的案件，如果有可疑之处，就从轻改为罚钱一千锾，将案情核实清楚以后再作处理。关于墨刑的法律条文有一千条，劓刑的法律条文有一千条，膑刑的法律条文五百条，宫刑的法律条文三百条，死刑的法律条文二百条。五种刑罚共计有三千条法律条文。”这一整套法律文件，通称为《甫刑》。

穆王在位五十五年之后去世，由他的儿子共王繄扈（yī hù）继位。有一次，共王在泾水边上游猎，由诸侯密康公陪同，恰好有三位美女投奔密康公。密康公的母亲知道后，告诫他说：“你一定要把她们都献给共王。兽上了三只称‘群’，人超过三个称‘众’，女人超过三个则称‘粲（càn）’。君王打猎不敢取过多的野兽，诸侯出门不敢叫众人下车致敬，君王选妃不会娶同一家的三个女儿。三个女人都是美人，就算大家送给你三个美人，你自己又有什么德行配接受呢？连君王都不能同时娶三个女人，何况像你这样小的诸侯呢？小辈人得到过分的宝物，最后肯定会要灭亡的。”但康公坚持不献出那三位美女。一年以后，共王就消灭了密国。共王逝世后，由他的儿子懿王囏（jiān）继位。懿王在位的时候，周王室衰败了，诗人写诗来讽刺。

懿王逝世后，由共王的弟弟辟方继位，这就是孝王。孝王逝世后，诸侯又拥立懿王的太子继位，这就是夷王。

夷王逝世后，由他的儿子厉王胡继位。厉王在位三十年之后，贪财图利，宠信荣夷公。大夫芮良夫劝谏厉王说：“周王室将在您手中衰败下去吗？荣公是财迷心窍的人。根本不知道将要大难临头了。财利这种东西，是天地万物共同产生出来的，是自然界所有的。如果有人独占了它，害处就会多起来。自然界的财物人人都可以取得一份，怎么能够独占呢？这会触怒很多人，招来无数的怨恨，却又不知道防备将要降临的灾难。他用这一套歪门邪道来引诱您，您的王位还能够长期保持吗？要做普天之下的君王，就应该开发天下财源，再公平地分配给天下的人。要尽可能地让神灵、百姓和万事万物都各得其所，还要每天警惕，留心别招来怨恨。所以，《诗经·颂》里说：'先祖后稷的文德郁盛，能够与天神相配。他安定民众，让大家能够生存发展，没有人不以你为效法的榜样。'《诗经·大雅》里说：'祖先广施福禄，才成就了周朝的基业。'这不正说明应该散财而避祸吗？所以能成就周朝的事业直到今天。而您如今反倒学着霸占财物，那怎么行呢？普通人贪财霸物，人们还指责他为盗贼。您如果也这么做，天下就没什么人愿意归顺了。荣公如果被重用的话，周朝一定会衰败的。"厉王不听劝阻，最终还是任命荣公为卿士，负责处理朝廷政事。

厉王骄侈专横，奉行暴政，国都的民众都批评厉王的行为。召公劝诫说："民众已经无法忍受你的暴政了。"厉王非常恼怒，找来一个卫国[①]的巫师，吩咐他监视发牢骚的人。巫师报告一人，厉王就杀一个。这样一来，批评的人少了，诸侯不再来朝拜了，到了三十四年，厉王更加专制，国都的人没人敢开口说话，就是在路上见到熟人，也只能用眼睛打招呼。厉王非常高兴，就得意地对召公说："我有办法消除

① 卫国：古诸侯国名。姬姓，侯爵。

牢骚。现在就没什么人敢乱发议论了。”召公回答说：“这只不过是强行堵住人的嘴巴而已。防百姓的言语比防河水还严厉，河水一旦决口，必定会伤害许多人，对百姓也是这样。因此，治水的专家都注意疏导江河，让水能够顺利流走，治理民众的官员都注重让老百姓畅所欲言。所以，天子在处理国家大事的时候，要尽量让大小官员都献上议论朝政的诗歌，让乐师献上反映民风的歌曲，让太史官献上关于成败得失的史料，让乐师进献劝诫的箴言，再由盲人朗诵和宣读给天子听。应该使得普通官员也能够大胆进谏，老百姓的意见能传达给天子，身边的大臣敢于尽规劝的职责，内亲外戚能够监察天子的行动并弥补天子的过失，太师和太史能够设法开导劝喻天子。这一切经朝中老臣们汇集整理后，再由天子权衡斟酌，择善而行，只有这样，政事才能办理好，不违背情理。老百姓有嘴巴，就好比大地上有山川，各种财富都从山川里生长出来；也好比大地上有平原、沼泽、洼田和沃野，天下的衣食都从这些地方生产出来。放心让百姓说话，就能够正确反映朝政的成败得失。要多做好事，防止衰败，国家的财用，人民的衣食就是这样积累起来的。人民心里有了想法，再通过嘴说出来，成熟的意见便予以推行，如果堵住他们的口，还会有多少人支持呢？”厉王不听。于是，国都内再也没人敢说话了，三年之后，大家就相约起来反叛，奋力袭击厉王，厉王只好出逃到彘（zhì）地。

厉王的太子名叫静，躲藏在召公的家里。老百姓听到这个消息，就包围了召公的家。召公说：“从前我多次劝诫厉王，但他不听良言，才造成了这种灾难。如果今天杀了太子，

【58】

厉王岂不会误认为我是要报私仇而借机泄愤吗？作为朝中大臣，职在侍奉君王，即便自己处在危险之中，也不能仇恨君王；即便受到责备，也不能心怀积怨。何况是侍奉还拥有天子之尊的厉王呢？”于是，召公就用自己的儿子代替王太子，太子终于脱身了。【58】

召公、周公两位宰相共同摄行政事的时候，称为“共和”时期。共和十四年（公元前 828 年），厉王在彘去世。这时，太子静已在召公家里长大了，召公和周公就拥立他为新天子，称作宣王。宣王即位后，二位宰相极力辅佐，整顿政事，效法文王、武王、成王和康王的执政作风，诸侯们重新承认周天子的宗主地位。宣王十二年（公元前 816 年），鲁武公前来朝拜。

宣王不到千亩这个地方去行亲耕之礼，虢（guó）文公[①]劝诫说：“不能如此。”但宣王不采纳这个意见。到了宣王三十九年（公元前 789 年），在千亩进行了一次战斗，宣王

① 虢文公：虢国国君，为文王母弟虢仲的后代。所辖西虢。

的军队果然被姜戎族打败了。

宣王丧失了南方部队，所以，他就在太原地区统计人口，以便征兵，仲山甫[1]劝诫说："不要轻易统计人口。"宣王不听，最后还是清查了人口。

四十六年（公元前782年），宣王死了，由他的儿子幽王宫湦（shēng）继位。幽王二年（公元前780年），西周都城附近的三条河流都发生了地震。周大夫伯阳甫说："周朝快要灭亡了。天地之间的阴阳气数是不能失去正常秩序的，如果哪一天错乱了，肯定是有人扰乱了它。阳气潜伏在地下不能出来，是受阴气的压迫而不得散发，所以就产生了地震。现在三条大河流域都发生了地震，就是因为阳气失掉了应有的位置，被阴气压在了下面。出现这种阴阳颠倒的情况，水源一定会被堵塞。而源塞水枯，国家就一定会灭亡。因为只有水源畅通，土气湿润，才能生产出万物，以供天下人享用。如果水枯土干，财物短缺，国家哪有不亡之理呢？从前，伊水和洛水干枯时，夏朝就灭亡了；黄河干枯时，商朝也灭亡了。如今周朝的德行与夏、商两朝的末世非常相近，而江河的源头又被堵塞了。水源被堵，河流一定会枯竭。国家的存在必须依赖山河的气运，山崩河枯，就是国家灭亡的象征。河水干枯之后，山峦一定会崩塌。这样看来，亡国的时间不会超过十年了。因为十是数的终极。凡是上天将要抛弃的国家，逃不出十这个期限。"这一年，渭水、泾水和洛水都干枯了，岐山也崩塌了。

① 仲山甫：周宣王时的名臣，曾辅佐宣王中兴周王室，封地在樊。

周幽王三年（公元前779年），幽王格外地宠爱褒姒。褒姒生下一个儿子叫伯服，幽王就想废掉太子。太子的生母是申侯的女儿，嫁给幽王做王后。后来幽王得到了褒姒，宠爱她，想废掉申后，并废了太子宜臼，把褒姒立为王后，把伯服立为太子，周朝的太史伯阳读了有关的历史记载之后说：“周朝快要灭亡了。”【59】从前，夏朝开始衰败的时候，曾经有两条神龙站在夏帝的殿中说：“我们是褒国的两位先君。”夏帝为此占卜，结果表明，杀掉、驱赶或留住这两条神龙都不吉利，只有将神龙的唾液收藏起来，才会大吉大利。于是，夏帝陈列祭品，用简册写文向神龙祈祷。神龙果然不见了，只留下了唾液，夏帝赶紧用木匣

【59】

子将唾液装起来，再擦干净地上的痕迹，夏朝灭亡之后，这个木匣子就传到了殷朝。殷朝灭亡之后，再传给周朝。经历了三个朝代，都不敢打开木匣。但到了厉王末年，打开看，结果唾液流到大殿之中，不能清除，厉王命令妇女赤身裸体对着唾液大声叫喊，结果唾液就变成了一条黑色的蜥蜴，爬进了厉王的后宫。厉宫里有个六七岁的小婢女碰上了这条蜥蜴，她成年后，怀了孕，没有丈夫就生下了孩子，她很恐惧，就丢弃了孩子。在宣王时代，女孩们曾唱着歌谣说："用桑木做弯弓呵，用箕木做箭袋，就是为了消灭周国。"宣王听到这首不吉利的童谣后，发现有一对夫妇在贩卖桑弓和箕木箭袋，就下令把他们抓起来杀掉。夫妇俩闻讯逃跑，在路上看见了小婢女所丢弃的妖女。他们听到这女孩在黑夜里啼哭，觉得很可怜，就收养了她。夫妇俩带着她逃到褒国。后来，褒国人得罪了幽王，就请求献上被婢女所抛弃的怪妖女，以示赎罪。被弃的妖女是褒国献的，所以被称为褒姒。幽王三年的时候，幽王在后宫见到了褒姒，一见到就垂爱于她，生下了儿子伯服。最后，幽王终于废掉了申后和太子，另立褒姒为王后，伯服为太子。周太史伯阳叹气说："大祸已经酿成了，再也没什么办法解救了。"

褒姒不喜欢笑。幽王用尽了各种方法想让她笑，她还是不笑。幽王曾经在边关地区设置了很多烽火台与大鼓，如果遇到有入侵之敌，就点燃烽火，以召援兵。有一次，幽王为了逗褒姒发笑，竟命令无端点燃烽火。诸侯军队见到警报，都迅速赶来增援，却发现根本没有发生战事。褒姒见将士们气喘吁吁，认为很有趣，终于露出微笑。幽王自己也很高兴，以后就多次点燃烽火。久而久之，烽火就失去了报警的作用，

诸侯们也不再派军队来了。【60】

幽王任用虢石父[1]为卿，主持朝政，全国人民都怨声载道。石父这个人爱进谗言，很奸诈，同时又善于阿谀奉承，贪图财利，幽王却重用他。再加上幽王废掉了申后和太子，申侯十分恼怒，就干脆联合缯国和犬戎部族前来攻打幽王。幽王急忙点燃烽火，以召援兵，但没有任何诸侯肯派兵。于是，幽王在骊山脚下被杀掉了，褒姒也被带走，周王朝的财物更是被抢劫一空。随后，诸侯们与申侯商量，共同拥立幽王从前的太子宜臼，这就是周平王。平王负责主持周朝的祭祀，继承周朝的正统。

周平王即位后，为了避开犬戎族的攻击，将都城迁徙到了东方的洛邑。平王的时候，周王室开始衰败没落，诸侯之间弱肉强食，相互吞并。齐、楚、秦、晋等国家从此强大起来，

① 虢石父：人名，周幽王时的大臣。

国家政事就由这些诸侯大国的君主们把持了。

四十九年（公元前 722 年），鲁隐公即位。

五十一年（公元前 720 年），周平王去世，由于太子洩（xiè）父早死，便让洩父的儿子林继位，称为桓王。桓王也就是平王的嫡孙。

桓王三年（公元前 717 年），郑庄公前来朝拜，桓王却没有以礼相待。桓王五年（公元前 715 年），郑庄公心怀怨恨，在不报告王室的情况下，擅自用祊（bēng）田换取鲁国的许田。祊田本来是周天子祭祀泰山时的专用田。八年（公元前 712 年），鲁国人杀了鲁隐公，另立桓公。十三年（公元前 707 年），桓王讨伐郑国，郑国大将射伤桓王，桓王大败而归。

二十三年（公元前 697 年），桓王去世，由儿子庄王佗继位。庄王四年（公元前 693 年）。周公黑肩[1]想杀掉庄王，拥立庄王的弟弟王子克。大夫辛伯将此事报告了庄王，庄王就杀掉了周公黑肩。王子克逃到了燕国。

十五年（公元前 682 年），庄王去世，由他的儿子釐（xī）王胡齐继位。釐王三年（公元前 679 年），齐桓公开始称霸。

五年（公元前 677 年），釐王去世，由他的儿子惠王阆（làng）继位。惠王二年（公元前 675 年），当初庄王宠爱的妃子姬姚生了个儿子，起名叫穨，穨也很受庄王的喜爱。惠王即位后，夺取大臣园林来豢养动物，所以大夫边伯等五个人联合起来发动叛乱。计划召来燕国与卫国的军队，共同讨伐惠王。惠王逃到了温地[2]，后来又迁居到郑国的栎邑。

---

① 周公黑肩：人名，周公旦之后。周庄王时的大臣。

② 温地：周代地名，位于周王畿之内。

于是，鳌王的弟弟穨就被拥立为王。穨即位后，狂歌滥舞，大肆庆贺。郑国和虢国的国君都很愤怒。四年(公元前673年)，郑国与虢国联合讨伐周王穨，并杀了他，重新拥戴惠王复位。惠王十年（公元前667年），赐封齐桓公为诸侯领袖。

二十五年（公元前652年），惠王去世，由他的儿子襄王郑继位。襄王的生母死得很早，后母叫惠后。惠后生了个儿子叫叔带，叔带很受惠王的宠爱，襄王很惧怕叔带。三年（公元前649年），叔带与戎、狄两族商量攻打襄王，襄王就想杀掉叔带，叔带逃到了齐国。齐桓公派管仲去调和周戎之间的关系，又派隰（xí）朋去调和晋戎之间的关系。襄王用待上卿的礼仪来接待管仲。管仲推辞说：“我的职位很低下，齐国还有天子任命的两位守臣国子和高子在哩，如果他们在春秋季节前来朝见，陛下将用什么礼仪来接待呢？所以，我一定要辞谢上卿之礼。”襄王说：“你是舅父家的使臣，我很赞赏你的功绩，请不要拒绝我的一片好意。”管仲无奈，只好接受了下卿之礼才返回齐国。九年（公元前643年），齐桓公逝世。十二年（应为十四年，即公元前638年），叔带重新回到周王城。

十三年（公元前639年），郑国讨伐滑国。襄王派大夫游孙和伯服去为滑国说情，却被郑国关押起来了。郑文公怨恨惠王复位以后，不把玉杯送给郑厉公，还恨襄王对卫国和滑国太偏心，所以关押了伯服。襄王为此非常恼怒，准备用狄族军队来讨伐郑国。周大夫富辰劝阻道：“我们周王室东迁洛邑，依靠的是晋国和郑国的力量。王子穨等人作乱时，又是郑国帮着平定的。而如今，陛下却因为一点小小的仇怒就要抛弃郑国，这是不可取的。”但襄王不听劝阻。十五年（公元前 637 年），襄王命令狄族军队前去征讨郑国。为了感谢狄族如此出兵出力，襄王准备立狄君的女儿为王后。富辰又劝阻说：“平王、桓王、庄王和惠王都受过郑国的帮助，可陛下却抛弃亲近的郑国，另结狄族的欢心，确实不可取。”襄王依旧不采纳这个意见。到了十六年（公元前 636 年），因为襄王废掉了狄后，狄君就大举兴师问罪，并杀掉了周大夫谭伯。富辰说：“我曾经几次进谏，陛下都没有采纳。现在如果我不站出来战斗，陛下岂不会误以为我现在怨恨他吗？”所以，富辰就率领自己的部下迎战狄军，结果全部战死。

当初，惠后想拥立叔带为王，就命令自己的亲信为狄族人引路，使狄族军队顺利地开进了都城。襄王逃到了郑国，郑国将襄王安置在汜（fàn）邑。叔带被立为周王，并娶了被襄王废掉的狄后，和她一起住在温邑。十七年（公元前 635 年），襄王向晋国告急求援，晋文公接纳了襄王，并杀了叔带。于是，襄王将玉珪、香酒和弓箭赏赐给晋文公，封他为诸侯领袖。还把黄河北岸的土地划归了晋国。二十年（公元前 632 年），晋文公召见襄王，两人在河阳和践土两次会面，诸侯们也都来朝拜。但史书上为了避讳这件君臣颠倒的事件，就将此事说成是“天子到河阳一带巡视”。

二十四年（公元前 628 年），晋文公去世。

三十一年（公元前 621 年），秦穆公去世。

三十二年（公元前 620 年），周襄王去世，由他的儿子顷王壬臣继位。顷王在位六年后去世，由他的儿子匡王班继位。匡王也是在位六年后去世，由他的弟弟瑜继位，这就是周定王。

定王元年（公元前606年），楚庄王讨伐陆浑一带的戎族，并将军队驻扎在洛水岸边，派使者前来询问有关九鼎的情况。定王命令大夫王孙满以言辞雄辩去妥善应付，楚兵这才离开。十年（公元前597年），楚庄王围攻郑国，郑伯被迫投降。后来，郑国又恢复了。十六年（公元前591年），楚庄王去世。

二十一年（公元前586年），周定王去世。由他的儿子简王夷继位。简王十三年（公元前573年），晋国人杀了国君晋厉公，从周京接回公子周，拥立他为悼公。

十四年（公元前572年），简王去世，由他的儿子灵王泄心继位。灵王二十四年（公元前548年），齐国人崔杼杀害了他的国君齐庄公。

二十七年（公元前545年），灵王去世，由他的儿子景王贵继位。景王十八年（公元前527年），王后所生的太子虽然贤明，却过早地死了。二十年（公元前525年），景王由于宠爱子朝，就想立他为太子。正在这个时候，景王去世了，子丐的党羽们就替子丐争夺太子之位。大家都拥立景王的长子猛继位，但不久即被子朝杀掉了，猛被称为悼王。晋国派兵攻打子朝，拥立子丐，这就是周敬王。

敬王元年（公元前519年），晋国人送敬王入都城，因为子朝已在都城自立为王，敬王无法进城，只好暂时住在泽地。四年（公元前516年），晋国率领各国诸侯再次送敬王进京，子朝只得俯首称臣。于是，诸侯们为周天子重修了城郭。十六年（公元前504年），子朝的党羽们重新作乱，敬王逃到了晋国。十七年（公元前503年），晋定公最终还是将敬王送回了京城。

三十九年（公元前 481 年），齐国的田常杀害了他的国君齐简公。

四十一年（公元前 479 年），楚国消灭了陈国。孔子在这一年去世。

四十二年（公元前 478 年），周敬王去世，由他的儿子元王仁继位。元王在位八年后去世，由他的儿子定王介继位。

定王十六年（公元前 453 年），韩、赵、魏三家消灭了智伯，并瓜分了他的土地。

二十八年（公元前 441 年），定王去世，由他的长子去疾继位，称为哀王。哀王在位仅仅三个月，就被他的弟弟叔袭杀害了。叔袭自立为王，称为思王。但思王在位也不过五个月，又被自己的小弟弟嵬（wéi）杀掉了。嵬也自立为王，这就是考王。哀王、思王和考王都是定王的亲儿子。

考王在位十五年后去世，有他的儿子威烈王午继位。

考王曾经将自己的弟弟分封到河南，以承袭周公的官职，这就是周桓公。桓公死后，由他的儿子威公代继位。威公死后，由他的儿子惠公继位。惠公又将自己的小儿子分封到巩地，以便拱卫周王，称为东周惠公。

威烈王二十三年（公元前 403 年），九鼎受到震动。同年，周天子正式册封原晋国的韩、魏、赵三家为诸侯。

二十四年（公元前 402 年），威烈王去世，由他的儿子安王骄继位。就在这一年，楚声王被盗贼杀害了。

安王在位二十六年后去世，由他的儿子烈王喜继位。烈王二年（公元前 374 年），周朝的太史儋（dān）会见秦献公说：“当初周国与秦国是合在一起的，到后来才分开。分开五百

年以后，还会再次合二为一。周、秦合并十七年之后，将会产生一位用霸道统一天下的人物。”【61】

十年（公元前 366 年），烈王逝世，由他的弟弟扁继位，称为显王。显王五年（公元前 364 年），向秦献公道贺，赐予秦献公“伯”的称号。九年（公元前 360 年），显王又给秦孝公赏赐祭祀文王和武王的胙肉。二十五年（公元前 344 年），秦王在周与诸侯会盟。二十六年（公元前 343 年），周朝正式赐封秦孝公为诸侯领袖。三十三年（公元前 336 年），显王向秦惠王道贺。三十五年（公元前 334 年），显王将祭祀文王和武王的胙肉赏赐给秦惠王。四十四年（公元前 325 年），秦惠王正式称王。这之后各国诸侯也都纷纷称王。

四十八年（公元前 321 年），显王逝世，由他的儿子慎靓王定继位，慎靓王执政六年后逝世，由他的儿子赧（nǎn）王延继位。到了赧王时代，周朝已分裂为东、西两个朝廷，各自为政。赧王将都城迁到了西周。

西周武公的共太子去世了。他只剩下五个庶出的儿子，

没有嫡生儿子可以继位。楚国大臣司马翦（jiǎn）对楚王说："不如趁机划一些地盘资助公子咎，帮他请求立为太子。"另一位大臣左成说："不能这样做。如果周朝不准所请，您的好计划就会落空，并会疏远楚国与周朝的交情。我看还不如私下询问周君到底想拥立谁，再由司马翦出面代表楚国资助他，并请求周君立他为太子。"结果，公子咎真的被拥立为太子。【62】

八年（公元前307年），秦国进攻韩国的宜阳，楚国出兵援助韩国。因为周朝出兵帮助秦国，楚王就准备讨伐周朝。苏代[1]替周朝前来游说楚王："您为什么硬要认定周朝是铁心助秦而准备攻周呢？其实那些说周朝偏向秦国而

① 苏代：人名，战国时著名的策士。

疏远楚国的人，是想让周朝真的投入秦国的怀抱，这正是大家谈论的所谓‘周秦’。如果周朝发现自己确实无计可施的时候，就会投靠秦国。这才是那些替秦国谋取周朝的人的如意算盘呢。我替楚王您的利益考虑，倒不如在周朝投秦的时候善待它，不投秦的时候也善待它，以让周朝与秦国逐渐疏远。如果周朝与秦国断绝了关系，就必然要投靠楚国。”

秦国准备征伐韩国，想在东西两周之间借一条南下的道路。周朝感到很为难，因为借了路，会得罪韩国；不借路，又会得罪秦国。史厌对周君说：“您最好派人去对韩公叔说：‘秦国之所以敢大胆地穿过周地来攻伐韩国，是因为它相信东周的缘故，韩国为什么不送些土地给周国，并向楚国派出人质呢？’这样，秦国必然会怀疑楚国，也不再相信周国，韩国也就可以免于征伐了。与此同时，您又派人对秦国说：‘韩国强行将土地送给周国，目的是为了让秦国怀疑周国。周君没有办法，不敢不接受。’因此，秦国必然找不出让周国拒绝土地的理由，而周国既可以得到土地，又能取得秦国的谅解。”

秦国召见西周君，西周君不愿意去，就派人对韩王说：“秦国召见西周君的意图，是为了让西周去进攻韩国的南阳。您为什么不抢先发兵去南阳呢？这样，周君既能找到不去秦国的借口，秦国也肯定不敢独自渡过黄河来攻取南阳。”

东周与西周相互之间也发生了征战，韩王出兵援助西周，于是，东周的说客就劝韩王道：“西周是从前天子的国都，那里有很多的珍宝器物。如果您按兵不动，既可以向东周施恩，又可以让西周拿着珍宝器物来求您帮助，因此，西周的财宝都成了您的囊中之物。”

这时候，周赧王是名义上的周天子。楚国包围了韩国的雍氏城。韩国向东周征集粮食与兵器，东周君很害怕，就召见苏代，告知他此事。苏代说：“这有什么值得您害怕的呢？我不仅能够使韩国不再向东周征集粮食与兵器，同时还能够为您取得高都。”周君说：“如果你真能说到做到，我愿意请你主管国家大事。”苏代就去对韩国的相国说：“楚国围攻雍氏城，原计划三个月拿下，现在五个月都过去了，还是不能如愿以偿，这正是楚国帅老兵疲的表现。如今相国却反而向东周征集兵器和粮食，这等于是把韩国的疲弊明确地通告给楚国。”韩国的相国赞赏道：“你说得很对。”但是使者已经出发了。苏代又接着说：“您何不干脆把高都送给东周呢？”韩相国非常气愤地反问道：“我不向东周征集兵器与粮食，这已经做得够可以了，你为什么还要让我将高都白送给东周呢？”苏代回答说：“将高都送给东周，是为了让东周转而投靠韩国。秦国知道了这个事，必然会对周国十分恼怒，从而断绝与周国的交往。这就叫作拿出一个破高都城，再得到一个完整的周国。好事一桩，你何乐而不为呢？”韩相国说：“你讲得很对。”结果真的将高都给了周国。

三十四年（公元前 281 年），策士苏厉对周君说：“秦国攻破韩国和魏国，击败魏国名将师武，并向北夺得赵国的蔺邑和离石，这都是因为有了名将白起的缘故。白起善于用兵，还有上天的保佑。现在，白起又准备率军出伊阙塞，攻打梁国。如果梁国被攻破，周国就很危险了。您为什么还不派人去游说白起呢？就对白起说：‘楚国有个叫养由基[1]的人，精于射箭，能够离柳叶百步而射之，百发而百中。周围观看的人有好几千，都称赞养由基的射箭神功，只有一个人站在旁边说：“还不错，我可以教你怎么射箭了。”养由基听后很气愤，就扔掉弓、握住剑说：“先生还能怎么教我射箭呢？”这个人答道：“并不是我能够教你如何支撑左手，弯曲右手，练习射箭的基本姿势。你已经是个百步穿杨、百发百中的神箭手了，只可惜不会见好就收。等会儿你气衰力倦，弓偏箭斜，倘若有某一箭没能射准，以前百发百中的名声就会彻底坏在自己手上。”如今攻破韩国和魏国，击败魏将师武，向北取得赵国蔺邑和离石的您，功劳已经够多了。可现在您又要出兵伊阙塞，经过东西两周，背对着韩国去攻击梁国。如果万一有点什么闪失，不能顺利取胜，结果只会是一举不得，前功尽弃。您还不如推说有病，免掉这次征战。’”

四十二年（公元前273年），秦国背弃和约，攻占了魏国的华阳。马犯[2]就对周君说：“我可以去请梁国来为周国修筑城池。”于是，马犯真的去对梁王说：“周王因为害怕秦国进攻，已经急得病倒了。如果周王真的死了，就会出现国破君亡的后果，而我作为臣子，最后也只有一死。所以，我去请求周王将传国的九鼎送给您。您要是接受了九鼎，就应该为我们谋一条生路。”梁王说：“那完全可以。”接着就给了马犯一支军队，声称是前去防守西周的都城。马犯又转而对秦王说：“梁王并不是想保卫周国，而是准备攻打周

---

① 养由基：一作养游基。春秋时楚国大夫。相传为著名的神箭手，能百发百中。

② 马犯：人名，东周大臣。

国。您如果不相信，就请把军队带到边境上去观察一下吧。”秦国真的出动了大军。这时，马犯回过头来又对梁王说：“周王的病已经危在旦夕，我请求等周王病好之后再向他汇报奉送九鼎的事。如今您派军队到周国去，诸侯们都生了疑心，以后要办什么大事恐怕也无法让人信服了。我看，倒不如干脆命令这些士兵去为周国修筑城池，以平息诸侯们对您的猜疑。”梁王说：“很好。”于是就让士兵去帮助周国修筑城池。

四十五年（公元前 270 年），周君的秦国宾客对周冣[①]说：“您还不如也去尽力称颂秦王的孝道，再趁机把应地献给秦国，作为秦太后的养地。秦王肯定会满心欢喜。这样，您和秦国就建立起了交情。如果能因此促进秦、周两国关系的进一步亲善和睦，周君一定会认为是您立了大功；如果两国的关系坏了，获罪的则会是那些劝周君去秦国的人。”后来，秦国进攻周国，周冣就对秦王说：“我替您的利益考虑，还是以不进攻周国为好，攻周国，不仅没有多大的实际利益，反倒会引起天下人对秦国声威的畏惧。天下各国畏惧秦国的声威，就必然要转向东方，寻求与齐国的联盟。而进攻周国的结果，也只使秦兵在战斗中筋疲力尽，并促使天下诸侯联齐抗秦。这样，秦国统一天下的宏愿就无法实现了。正是因为天下的人都想让秦国疲惫不堪，才会劝您去攻打周国。如果秦国中了计策，把自己拖得有气无力，那么，您的威令就根本不能通行于天下了。”

五十八年（公元前 257 年），韩、赵、魏三国联合抵抗秦国。这时，周君命令相国出使秦国。相国因为担心到秦国

---

① 周冣：又作周最或周聚，是周公子。

后会受秦王的轻视，就中途折回来了。有位说客劝周相国道：“秦王是否会轻视您，这还不能够肯定。但秦王却很想知道韩、赵、魏三国的情况，您不如赶紧去对秦王说：‘我请求为大王去探听东方各国的最新变化。’秦王就会因此重视您。而重视相国您，实际上就是重视周国，周国也能为此而赢得秦国的信任。至于另一个大诸侯国齐国，因为周冣曾经尽力结交，已经对周国很有好感。这样，周国就能经常与强国叙叙交情了。”周相国觉得有道理，就依计而行，结果秦国真对周国信任有加，并发大军猛攻韩、赵、魏三国。

五十九年（公元前 256 年），秦军攻占了韩国的阳城和负黍（shǔ）。西周非常恐惧，就背叛秦国，与别的诸侯国订立合纵协议，率领天下的精锐部队出伊阙塞，主动进攻秦国，并使得秦国无法与所占领的阳城保持交通联络。秦昭王非常愤怒，命令摎（jiū）将军反攻西周。西周君吓得跑到秦国，向秦王叩头认罪，还献出了西周所有的三十六个城邑，三万人，秦王接受了这些贡献，同时又将西周君送回了西周国。

周赧王去世后，西周的老百姓都向东周逃亡。秦国趁机夺取了周国的九鼎和其他珍宝器物，并将西周公迁徙到𢡊狐。这以后过了七年，秦庄襄王消灭了东周。从此，东周和西周都并入了秦国的版图，周王朝终于彻底灭亡了。

太史公说：学者们都认为周武王讨伐纣王以后，定都在洛邑城。综观各种情况，实际上并非如此。周武王只是建造了洛邑城，周成王也只让召公占卜，看看洛邑是否可以定都。事实上，洛邑只安放了周朝的传国之宝——九鼎，而周朝的都城仍然在丰邑与镐京。直到犬戎族打败周幽王，周朝才向东迁徙到洛邑。原来曾有“周公葬于毕”的说法，毕这个地方其实就在镐京东南方的杜中。秦国最后灭掉了周朝。汉朝建立九十多年以后，汉武帝准备到泰山去举行封禅大典，便亲自前往东方巡视。抵达河南后，寻访到周朝的后代姬嘉，于是，就将方圆三十里的土地赐封给他，并称他为“周子南君”，地位与列侯相等，负责对周朝祖先的祭祀。

知识拓展

百步穿杨

释义：射箭、打枪、打炮等每次都能打中目标。后也用来形容料事有充分把握。

出处：《史记·周本纪》：“楚有养由基者，善射者也。去柳叶百步而射之，百发而百中之。”

白鱼入舟

释义：比喻用兵必胜的征兆。

出处：《史记·周本纪》：“武王渡河，中流，白鱼跃入王舟中，武王俯取以祭……诸侯皆曰：‘纣可伐矣。’”

史记卷五

秦本纪

扫描二维码
阅读本篇原文

女修　大费　造父　秦嬴　穆公　百里奚

孝公　卫鞅　惠文君　张仪　昭襄王　嬴政

秦国的祖先是颛顼帝的后代。颛顼帝有个隔了很多辈的孙女叫女修[①]。女修在织布时，吃了一个燕子蛋，就生下了大业这个儿子。大业娶了少典族的女儿女华为妻，生了个儿子叫大费，大费曾经跟随大禹一起治理洪水。治水成功后，舜帝将一块黑玉赏赐给大禹。大禹却说："并不是我单兵独将治理了洪水，大费也帮了很多忙。"舜帝就说："哦，是你大费帮助大禹成功的，我要赐给你黑色的旗带。你的子孙后代将会繁盛兴旺。"紧接着，舜帝把一位姓姚的好姑娘嫁给他为妻。大费很恭敬地接受了这些赏赐，以后就帮助舜帝驯养鸟兽。在大费的手下，鸟兽们都变得很驯服。大费其实就是尚书上所讲的柏翳（yì）。舜帝赐他姓嬴。

大费生了两个儿子，一个叫大廉，是鸟俗氏的祖先；另一个叫若木，是费氏的祖先。若木的玄孙叫费昌，费昌的子孙有的住在中原地区，也有的散居在夷狄地区。费昌生活在夏桀帝时代，他离开夏朝，投奔了殷商，为成汤驾车。成汤在鸣条山击败了夏桀。大廉的玄孙是孟戏、仲衍[②]两兄弟。仲衍长得很像鸟，却讲人话。太戊帝想让他为自己驾车，占

---

① 女修：一作"女脩"。

② 仲衍：一说中衍。

卜的结果也是大吉大利，因此就让他驾车，并把女儿嫁给仲衍为妻。从此以后，仲衍的子孙们屡建功业，尽力辅佐殷朝。所以，嬴氏部族中出了很多显贵人物，终于成了诸侯之一。

仲衍的玄孙名叫中潏（yù），居住在西戎地区，负责保卫西部边境。中潏的儿子叫蜚廉，蜚廉的儿子叫恶来。恶来是个大力士，蜚廉则是个飞毛腿。父子俩凭着自己的才能和力气为商纣王服务。周武王讨伐纣王的时候，将恶来一起杀掉了。那时，蜚廉正替纣王出使北方。回来之后，他觉得无法向纣王述职，就在霍太山筑起一个祭坛，报祭纣王。筑坛时，蜚廉挖出一具石棺，棺上刻的铭文说："上帝不让你死于殷商战乱之中，特赏赐你一具石棺，以光大你的氏族。"蜚廉死后，就安葬在霍太山。蜚廉另外还有个儿子叫季胜。季胜生个儿子叫孟增。孟增很受周成王的宠信。他曾居住在皋（gāo）狼县，号称是宅皋狼。孟增生了个儿子叫衡父，衡父又生了个儿子叫造父。造父因为很会驾马车，深得周缪王[①]的欢心。缪王获得骥（jì）、温骊、骅骝（huá liú）、騄（lù）耳四匹著名骏马，驾车巡视西部地区，乐而忘返。后来徐国国君徐偃王趁机叛乱，造父就替缪王赶着马车，马不停蹄地返回京师平叛。因为立了这一件大功，缪王就将赵城赐封给造父。从此，造父这一族人就开始姓赵。自从蜚廉生下季胜，到造父时已经历了整整五代人，这时才正式分居赵城，还有了自己的姓氏。赵衰就是他们的后代。蜚廉还有一个儿子叫恶来革，死得很早，留下一个儿子叫女防。女防

① 周缪王：即周穆王。

生下旁皋，旁皋生下太几，太几生下大骆，大骆又生下非子。因为造父很受缪王的宠信，所以他们都跟着沾光，也可以居住在赵城，姓赵氏。

非子住在犬丘，他不仅喜欢马匹和其他牲畜，还很会繁殖驯养。犬丘人将这件事告诉了周孝王，孝王就将非子召来，让他在汧水与渭水之间的地区养马。孝王准备让他作为大骆的继承人。但申侯的女儿嫁给大骆为妻，已生下一个儿子叫成，是正宗嫡子。申侯劝孝王说："从前我的祖先住在郦山时，曾将一个女儿嫁给仲衍的曾孙戎胥轩为妻，后来就生下了中潏。由于中潏与周有这层亲戚关系，所以归顺了周，愿为周保卫西部边境，而西部边境地区也因此和睦安宁。如今我又将女儿嫁给大骆为妻，生下了嫡子成。申、骆之间再次结亲，使得西方的戎族都归服了周朝，您才能安稳地称王。这其中的利害关系，您还是好好地考虑一下吧。"孝王回答说："从前柏翳为舜帝驯养牲畜时，牲畜繁衍得很快，所以得到了分封的土地，还被赐姓嬴氏。现在，他的后代又为我牧马，我也照样分封他一块土地，让他成为周朝的附属国吧。"因此，孝王把秦地分给非子作封邑，号称秦嬴。同时，不再废除申侯女儿所生的儿子成作为大骆继承人的地位。

秦嬴生下秦侯，秦侯在位十年之后去世。他生了儿子公伯，公伯在位三年之后也去世了。公伯的儿子叫秦仲。

秦仲在位的头三年，周厉王品行败坏，有些诸侯起来反叛他，西戎族也背叛了周朝，将犬丘地区的大骆族人消灭了。周宣王即位后，任命秦仲为大夫，前去征讨西戎族。但秦仲反而被西戎族杀掉了。秦仲在位共二十三年，最后死于西戎族之手。

【63】

他留下五个儿子，长子名叫庄公。周宣王召见了庄公的五兄弟，给了他们七千兵士，让他们再次征讨西戎，终于将西戎打败了。于是，周宣王赏赐秦仲的后代，并把他们祖先大骆曾住过的犬丘地区划给了他们，还封庄公为西垂大夫。

庄公居住在故土犬丘的西边，生了三个儿子，长子名叫世父。世父说："戎族杀害了我的祖父秦仲，我不杀掉戎族首领，绝不回来。"于是，他带兵前去攻打西戎，将自己的继承权让给弟弟襄公，襄公因此成了太子。【63】庄公在位四十四年之后去世，太子襄公承袭了职位。襄公即位的头一年（公元前777年），就将自己的妹妹缪嬴嫁给丰王[①]为妻。襄公二年（公元前776年），戎族围攻犬丘，世父率兵还击，反被戎兵俘虏。一年多后，戎族人又放回了世父。七年（公元前771年）春天，周幽王因为宠爱褒姒，废掉了太子，另立褒姒的儿子为太子。同时，幽王又多次欺骗戏弄诸侯，诸

① 丰王：人名，疑为周幽王之误。

侯都开始反叛。西戎中的犬戎族联合申侯的军队，共同进攻周朝，将幽王杀死在郦山脚下。与此相反，秦襄公却率兵援救周王室，立下了大功。周朝为了避开犬戎族的侵略，将都城东迁到洛邑。襄公派兵沿途护送周平王东进。平王就封襄公为诸侯，并把岐山以西的土地赐给了襄王。平王说："犬戎族无礼凶恶，侵吞了周朝的岐邑、丰邑地区。如果秦国能够把犬戎族赶走，则收复的土地就都归他们所有。"平王还为此与襄公立下誓言，赐给他封地和爵位。襄公到这时才算正式建立起国家，成为诸侯国之一，于是，襄公就用黑鬃赤身的小马、黄牛、公羊各三头作为祭牲，在西畤（zhì）拜祭上帝。十二年（公元前766年），襄公在攻伐犬戎、抵达岐山时去世了，由他的儿子文公继位。

文公元年（公元前765年），文公本人还在西垂宫居住。到了三年（公元前763年），文公就率领七百名将士来到东部地区巡猎。四年（公元前762年），文公抵达汧水和渭水的汇合处，大发感慨地说："从前，周朝曾将这块地方赐给我祖先秦嬴作封邑，以此为基业，后来先王终于成了诸侯之一。"于是，文公占卜询问该地的凶吉，结果表明很适合定居，就开始动工修筑城池。【64】十年（公元前756年），建成了鄜（fū）畤，该畤祭典上用牛、羊、猪做祭牲。十三年（公元前753年），秦国开始有史官记载国家大事，大多数老百姓也逐渐开化了。十六年（公元前750年），文公率兵讨伐犬戎，犬戎战败后逃走了。于是，秦国接纳了该地的周朝遗民，地盘也扩展到了岐山一带。文公主动将岐山以东的土地都贡献给了周天子。十九年（公元前747年），在陈仓地区获得

了神石。二十年（公元前 746 年），法律中第一次规定了诛灭三族的酷刑。二十七年（公元前 739 年），由于砍伐雍南山的大梓树，梓树变成的青牛怪兽逃入了丰水。四十八年（公元前 718 年），文公的太子死了，赐给他竫（jìng）公的谥号，竫公的长子被立为太子。其实，新太子就是文公的孙子。五十年（公元前 716 年），文公去世了，被安葬在西山。太子继位，称为秦宁公（公元前 715 年）。

宁公二年（公元前 714 年），迁居到平阳地区。同时，派兵攻打荡社。三年（公元前713年），与亳人作战，亳王败退到西戎地区，荡社被秦国占领。四年（公元前712年），鲁国的公子翚（huī）杀害了鲁隐公。十二年（公元前704年），征讨荡氏。并将其征服。宁公十岁时就当诸侯，在位十二年之后去世，被安葬在西山。他生了三个儿子，长子名叫武公，是太子；武公的同母弟弟叫德公；还有一位异母弟弟叫出子，是鲁姬所生。宁公死后，大庶长弗忌、威垒、三父等人废掉了太子，另立出子为秦国君（公元前703年）。出子六年（公元前698年），三父等人又派刺客杀掉了出子。出子继位时刚五岁，在位六年后被杀。三父等人重新拥立前太子武公继位。

武公元年（公元前697年），讨伐西戎的彭戏氏，一直抵达华山脚下，并居住在平阳的封宫。三年（公元前695年），三父等人因为杀出子的罪行，被武公处死，并诛灭三族。同年，郑国的高渠眯[①]杀害了国君昭公。十年（公元前688年），攻打邽（guī）、冀两地的戎族，并首次将这两地改设为县。十一年（公元前687年），消灭了小虢人，并开始在杜、郑两地设县。

十三年（公元前685年），齐国人管至父、连称[②]等人杀害国君襄公，另立公孙无知[③]。晋国消灭了霍、魏、耿三国。齐国人雍廪又杀死无知和管至父等人，另立齐桓公。这时，齐国和晋国都成了诸侯中的强国。

---

① 高渠眯：人名，又作高渠弥，郑国大臣。

② 管至父、连称：人名，均为齐国大臣。

③ 公孙无知：人名，齐公子。事迹详见于《齐太公世家》。

十九年（公元前 679 年），晋国的曲沃武公[①]开始做晋侯。齐桓公在鄄（juàn）地正式称为诸侯霸主。

二十年（公元前 678 年），武公去世，安葬在雍地的平阳。从这时开始用活人殉葬，为武公殉葬的有六十六人。武公有一个儿子，名叫白。白并没有被立为秦王，而是被分封在平阳。继位做国君的是武公的弟弟德公。

德公元年（公元前 677 年），开始在雍地的大郑宫居住。又在鄜畤祭祀上天，用牛、羊、猪各三百作为祭牲。对雍地占卜的结果很吉利，卦象说“后世子孙将在黄河边饮马”。同时，梁伯、芮伯[②]都来朝贡。二年（公元前 676 年），开始在历法上定出入伏的日子，并杀狗避邪。德公三十三岁时即位，在位两年后去世。他生了三个儿子，大儿子叫宣公，二儿子叫成公，小儿子叫穆公。由长子宣公继位执政。

宣公元年（公元前 675 年），卫国和燕国讨伐周王室，周惠王逃走了，王子颓被拥立为帝。三年（公元前 673 年），郑伯和虢叔杀掉王子颓，迎立惠王归位执政。四年（公元前 672 年），秦国建立密畤。同年，与晋国在河阳发生战斗，秦国取得了胜利。十二年（公元前 664 年），宣公去世。宣公有九个儿子，都没能继位，继位的是他的弟弟成公。

成公元年（公元前 663 年），梁伯、芮伯前来朝贡。齐桓公出兵讨伐山戎族，在孤竹这个地方驻扎大军。

成公在位四年后去世，他的七个儿子也没能继位，继位

---

① 曲沃武公（公元前 754 年—公元前 677 年）：人名，即晋武公。曲沃庄伯之子，春秋时晋国国君。公元前 716 年至公元前 677 年在位。

② 梁伯、芮伯：人名，均为诸侯国国君。梁国姓嬴，芮国姓姬。

的是他的弟弟穆公。

穆公[1]元年（公元前659年），亲自率兵攻打茅津，并取得了胜利。四年（公元前656年），娶晋太子申生的姐姐为妻。同一年，齐桓公讨伐楚国，一直打到了邵陵。

五年（公元前655年），晋献公消灭了虞国和虢国，俘虏了虞国国君和虞国大夫百里奚[2]。因为晋国事先用白玉和骏马贿赂了虞国国君，所以才大获全胜。俘获百里奚之后，晋献公将他当作了秦穆公夫人的陪嫁仆人。百里奚从秦国逃到了宛地，被楚国的边民抓住了。秦穆公听说百里奚是个贤才，准备用重金赎回来，又怕楚国人不同意，就派人对楚国人说："我们有个陪嫁的奴仆在你们手里，我们想用五张黑羊皮赎回去。"楚国人很爽快地答应了。这时，百里奚已经年逾七十。秦穆公亲自释放了他，并向他征询国家大事。百里奚辞谢道："我只是个亡国之臣，不值得您的垂询。"秦穆公说："虞君正是因为不重用您，才导致了亡国的下场。你并没有什么罪责。"【65】说完仍坚持向百里奚请教。最后，两人纵谈三天，秦穆公大为高兴，任命百里奚全面掌管国家政事，并称他为五羖（gǔ）大夫。百里奚谦让说："我远不如我的好友蹇（jiǎn）叔[3]。蹇叔真是个大贤才，却不为世人知晓。我从前出外游历时，曾被困在齐国，在铚地一带向人讨饭，是蹇叔收留了我。我原准备去帮助齐君无知，但

---

① 穆公：一作缪公。

② 百里奚：又称百里傒，春秋时秦国著名大夫。本为虞国人，出身贫寒，怀才不遇，后被秦穆公重用，与蹇叔、由余等人共同帮助秦穆公成就霸业。

③ 蹇叔（公元前690年—公元前610年）：人名。春秋时秦国著名大夫。与百里奚、由余等人共助秦穆公成就霸业。

是蹇叔制止了我，使我避免了齐国人杀君另立的灾难。于是，我到了周朝国都。因为周王子颓喜欢牛，我就通过养牛的途径前去求见。等到王子颓准备启用我时，又是蹇叔劝阻了我，才使我免于一死。后来我去帮助虞君，蹇叔再次劝阻我。但我明知虞君不会真正重用我，却贪图一时的私利和爵禄而留在了虞国。前两次因为我听了蹇叔的劝告，都逃脱了灾难，只有这一次没有听从，果然就赶上了虞君之难。”于是，秦穆公就派人拿着厚礼去恭请蹇叔，并拜他为上大夫。

同年秋天，秦穆公亲自率兵讨伐晋国，在河曲地区打了一仗。这时，晋国的骊姬[①]也在国内作乱，太子申生被杀死在新城，重耳、夷吾都逃到了国外。

九年（公元前 651 年），齐桓公在葵丘会集各国诸侯。

晋献公死后，骊姬生的儿子奚齐继位，但大臣里克杀了奚齐。荀息[②]拥立卓子继位，里克又杀了卓子和荀息。于是，

---

① 骊姬（？—公元前 651 年）：一作丽姬。春秋时骊戎之女。晋献公攻克骊戎，被夺归，为献公所宠，立为夫人，生奚齐。其事详见于《晋世家》。

② 荀息：人名，晋国大臣。事迹详见于《晋世家》。后文丕郑、吕甥、郤芮均为晋国大臣。

夷吾派人向秦国求援，请秦国帮他返回晋国继位。秦穆公同意了他的请求，派百里奚率军护送夷吾回国。夷吾说："如果能顺利继位的话，我将把晋国河西地区的八座城市割让给秦国。"等到夷吾真的回国继位后，却派丕郑前去秦国，一方面表示感谢，另一方面则表示不想履行许诺，即不肯将河西地区的城池割让给秦国。同时，夷吾在国内杀掉了里克。丕郑了解这件事的来龙去脉，非常害怕，就和秦穆公商量说："晋国人其实并不喜欢夷吾，他们真正欢迎的是公子重耳。如今夷吾背弃与秦国的约定，又杀掉里克，这都是吕甥和郤（xì）芮出的主意。我建议您用重金召吕甥和郤芮到秦国来，这样，重耳回国执政就便利多了。"秦穆公同意了这个计划，派人和丕郑一起回到晋国，召吕甥和郤芮去秦国。吕甥和郤芮两人怀疑丕郑有什么阴谋，就建议夷吾杀掉了丕郑。丕郑的儿子丕豹赶紧逃到秦国，对秦穆公说："晋君不讲任何道义，老百姓都不拥护他，您去讨伐的时机成熟了。"秦穆公回答说："如果老百姓真的不拥护夷吾，为什么他还能顺利地诛杀大臣呢？既然能够诛杀大臣，说明国内的情况还有调和的余地。"秦穆公拒绝了丕豹的建议，却暗暗地重用他。

十二年（公元前648年），齐国的管仲和隰朋都死了。

晋国大旱，遇上了灾年，想来秦国借粮。丕豹劝说穆公不要答应，相反，倒应该趁着饥荒的时候去讨伐晋国。秦穆公询问大夫公孙支的意见，公孙支说："饥荒和丰收是时常变化的，所以饥荒时不能不接济别人。"秦穆公又问百里奚，百里奚回答说："夷吾确实得罪了您，但晋国的老百姓有什么罪过呢？"于是，秦穆公采纳百里奚和公孙支的意见，终

于将粮食借给了晋国。粮食通过车船联运，从秦都雍城到晋都绛城，运粮队伍络绎不绝。【66】

十四年（公元前646年），秦国也遇到大饥荒，就转而向晋国借粮。晋君就这件事和群臣商量对策。大臣虢射说："趁着饥荒去讨伐秦国，可以马到功成。"晋君采纳了这个建议，十五年(公元前645年)，晋国发兵攻打秦国。秦穆公起兵还击，任命丕豹为大将，又亲率军马反攻。九月壬戌日，秦穆公的军队与晋惠公的军队在韩地一带发生大战。晋君脱离大本营，冲到前线与秦军争夺财物，返回的时候车马都陷入了泥泞之中。秦穆公率部下奋力追击，不料没能抓到晋君，却反被晋军包围了。晋军围攻秦穆公，穆公阵前负伤。正在这个关键时刻，曾在岐山下偷吃良马的三百个乡下人冒死冲入晋军阵地，晋军的包围圈被打破了，不但救出了秦穆公，而且还活捉了晋惠公。【67】从前，秦穆公曾经丢失了一匹好马，被岐山下的三百个乡下人得到后，一起杀掉吃了。官吏捉住这些乡下人，准备明刑正法。但秦穆公却说："君子不能因为

牲畜的事情去加害于人，我听说吃了好马肉而不喝酒，反而会影响身体。”于是，赦免了这些乡下人，并赐给他们一些酒喝。这三百个人听说秦国攻击晋国，都要求参战，后来看到穆公陷入重围，就个个不避刀枪，奋力死战，以报答穆公当年的恩德。所以，穆公意外地俘虏了晋惠公，大胜回国。穆公通令全国说：“大家都要斋戒独宿，我准备用晋君来祭祀上帝。”周天子听到这个消息之后说，“晋君和我们王室是同一姓氏。”因此，周天子就替晋君求情。穆公的夫人是晋惠公夷吾的姐姐，她听到这个消息后，也披麻戴孝、赤着双脚来对穆公说：“看来我无法挽救兄弟的性命了，因为救他会破坏您的命令。”秦穆公说：“我抓获了晋君，本来是当成一大功绩，现在却反倒引来天子说情、夫人担忧。”于是，就改为与晋惠公订立盟约，答应送他回国，还安排他住在最高级的客房里，并用诸侯之礼款待他。十一月，秦国将晋君夷吾送回晋国，而夷吾将河西地区献给秦国，同时让太子圉留在秦国当人质。秦穆公把自己同宗的女儿嫁给太子圉为妻。这个时期，秦国的东部边疆已经扩展到了黄河岸边。

十八年（公元前 642 年），齐桓公去世。二十年（公元前 640 年），秦国消灭了梁国和芮国。

二十二年（公元前 638 年），太子圉听说晋惠公得了病，心里想："梁国是我母亲的故国，现在却被秦国灭掉了。我的兄弟又很多，如果晋君去世，秦国肯定会扣留我，而晋国人就会轻视我，另立别人继位。"于是，太子圉就悄悄地逃回了晋国。二十三年（公元前 637 年），晋惠公去世，子圉被拥立为晋君。秦国怨恨子圉逃跑，就从楚国将晋公子重耳接来，并将以前子圉的妻子改嫁给他。开始重耳想推辞，后来就接受了，因此，穆公对他更加以礼相待。二十四年（公元前 636 年）春天，秦国派人去告知晋国大臣，说准备送重耳回国。晋国的大臣们同意了，秦国就派人护送重耳返回故国。二月份，重耳被拥立为晋君，这就是晋文公。文公派人杀了子圉，子圉即晋怀公。

这年秋天，周襄王的弟弟叔带，领着戎狄军队前来攻打周王，周王逃到了郑国。二十五年（公元前 635 年），周王派人前往晋国和秦国，通报国难详情。秦穆公就率兵帮助晋文公护送周襄王回国，并杀了周王的弟弟叔带。二十八年（公元前 632 年），晋文公在城濮将楚国的军队打败。三十年（公元前 630 年），秦穆公帮助晋文公围攻郑国。郑国派人对秦穆公说："郑国的灭亡只会使晋国变得更加强大，这件事对晋国很有利，对秦国却毫无益处。而且，晋国强大以后，终究会成为秦国的祸患。"秦穆公就将军队撤回了国内。晋国也只好跟着撤军。三十二年（公元前 628 年）冬天，晋文公去世。

郑国有人想出卖郑国，向秦穆公说：“我是负责守卫城门的，郑国可以偷袭。”穆公问蹇叔和百里奚有什么主意，他们回答说：“经过好几个国家、长途跋涉千里去袭击别人，很少有占到便宜的。而且，既然郑国有人出卖自己的国家，又怎么知道我们秦国没有人去向郑国告密呢？所以不能去偷袭郑国。”秦穆公说：“你们并不知道该怎么办才合适，我已下定了袭击的决心。”于是，就任命百里奚的儿子孟明视、蹇叔的儿子西乞术以及白乙丙带领兵士，调动大军去偷袭郑国。正式出发的那一天，百里奚和蹇叔两人大哭不止，穆公听到了，很恼怒地说：“我要派兵征战，你们却对我的军队哭哭啼啼，到底是为什么？”两位老臣说：“我们并不敢阻拦您的大军。军队快出发了，我们的儿子也要一同开赴前线，我们都老了，担心再也见不到儿子，所以才哭泣。”两位老人退下来悄悄对儿子们说：“如果你们的军队被打败，一定会是在崤山①的险要地带。”三十三年（公元前627年）春天，秦军向东进发，经过晋国，路过周王城的北门。周王孙满说：“秦国军队不懂礼仪，哪有不失败的道理呢！”秦军来到滑国时，正遇上郑国的商贩弦高赶着十二头牛去周王城出售。弦高见到秦国大军，怕被捉去杀掉，就献上他的牛群说：“听说强大的秦国要来征讨我们郑国，郑君已经恭敬地作好了防御准备工作，特派我送十二头牛来慰劳秦国军队。”【68】秦国的三位将军讨论道：“我们原来是打算偷袭郑国，如今既然郑国已经察觉到了，再去就达不到目的了。”于是，秦

---

① 崤山：山名，即殽山。古代山东为崤山以东。

军就顺便消灭了滑国。滑国是晋国的边疆附庸国。

这时，晋文公还没有入土安葬。晋太子襄公愤怒地说："秦国欺侮我父亲刚死，趁我国丧期间夺取我的滑国。"于是就染黑丧服，暗中发兵，在崤山险要处埋伏，将秦军包围攻击，秦军惨败，没有一个人突围逃走。晋军俘虏了三位秦国将军，大胜而归。因为晋文公的夫人是秦国人，就委婉地为三位秦将求情说："穆公对这三个人肯定恨之入骨，还不如放他们三人回去，让穆公亲自烹杀他们。"晋君同意了这个建议，释放了三位秦将。他们三人回到秦国时，秦穆公身穿素服，亲自到郊外迎接，并对他们三人哭着说："我没有采纳百里奚和蹇叔的意见，才使你们三人遭受羞辱。其实你们有什么罪过呢？从此以后你们专心报仇雪耻吧，不要有半点松懈。"于是，三人都官复原职，待遇也更加优厚。

三十四年（公元前626年），楚太子商臣杀害了父亲成王，自立为王。

秦穆公派孟明视等人领兵讨伐晋国，在彭衙一带作战，秦军战斗失利，撤回国内。

戎王派由余出使秦国。由余的祖先是晋国人，逃亡到了戎国，但还能讲地道的晋国话。戎王听说秦穆公很贤明，因此就派由余到秦国实地考察一番。秦穆公让由余参观宫殿和收集的财物，由余却说："这些东西，如果是驱使鬼神造出来的，则太劳累鬼神了；如果是老百姓完成的，那就太辛苦老百姓了。"秦穆公对这番回答感到很惊讶，就问道："中原地区是按照诗、书、礼、乐、法度来管理国家政事的，即便如此，也还时常发生动乱。你们戎夷地区连这一套基本的施政方针都没有，到底靠什么治理国家呢？在治理过程中岂不是很困难吗？"由余笑着回答说："这正是中原地区时常动乱的根本原因。尽管上古圣贤黄帝创立了礼乐法度，而且还以身作则，国家也不过小康而已。何况到了后世，执政者日益骄横淫逸，只会仗着法度的权威，责罚监督下层人民。下层人民到了极端疲惫的时候，也会怨恨上层统治者不行仁义。这样上下相互怨恨，就导致了篡位杀君的动乱。甚至连亡国灭宗的悲剧，也是由此引发的。然而戎夷地区却不这样，上层执政者怀着淳朴的美德对待下层人民，而下层人民也怀着忠信诚敬来服侍君王。一个国家的政治就和一个人的修养一样，要好得恰当自然，却又说不出好的原因，这才真正称得上是圣人的政治。"于是，秦穆公退到里面问内史王廖说："我听到过这么一种说法：邻国有圣人，是敌对国家的忧患。如今由余确实可以算一个贤才，那么就是我们秦国的祸害了。我应该怎么办才妥当呢？"王廖回答说："戎王居住在十分偏僻的地方，没有听到过中原地区的音乐，您不妨送他一些歌舞伎女，使他沉迷于此，丧失志气。同时又替由余请功，以间离他们君臣之间的关系。并且尽力留住由余，耽误他的归期。戎王起了疑心，就必然会怀疑到由余的头上。只要他们君臣之间产生了嫌隙，我们就有机可乘。加上戎王迷恋音乐，肯定会疏于政事。”秦穆公说：“这个计策很妙。”于是穆公就和由余挨着坐下，吃饭时彼此交杯换盏，并不断地询问他关于戎国的地形和军事情况，将一切内情都打听得清清楚楚。然后，命令王廖将十六名舞女送给戎王。戎王很高兴地接受了，整月整年地乐此不疲。到了这时候，秦国才放由余回去。由余回去后，多次劝谏戎王，但意见都不被采纳。与此同时，穆公却多次暗中派人邀请由余去秦国。通过这样内外夹攻，终于使由余离开戎王，投奔了秦国。秦穆公用招待贵客的礼仪接待由余，并垂询有关讨伐戎国的情形。

三十六年（公元前624年），秦穆公更加厚待孟明视等人，并再次派他们率兵讨伐晋国。他们渡过黄河之后，烧掉船只，以表示要决战到底。结果，晋国军队被打得惨败，秦军占领了王官城和鄗（hào）地，【69】报了崤山之仇。吓得晋国人都紧闭城门，不敢再出来应战。于是，秦穆公亲自从茅津渡过黄河，埋葬了在崤山战役中牺牲的将士，并大哭三日，为他们追悼发丧。穆公对秦国军队发誓说：“将士们都认真听着，不要说话，让我把自己的誓言告知你们大家。古代人总是向老年人请教，所以没有什么事情会办错。而我当年未能采纳百里奚和蹇叔的建议，因此发出今天这番誓言，以便让子孙后代都记住我的过错。”有德行的人听到这番誓言，

【69】

都感动得流下眼泪说："唉，只有像秦穆公这样周到待人，才能换来孟明视的战斗捷报。"

三十七年（公元前623年），秦穆公采用由余的计策，发兵征讨戎王，兼并了十二个附属国，开拓了上千里的疆土，终于成了西部地区的霸主。周天子派召公送金鼓给穆公，以示祝贺。三十九年（公元前621年），秦穆公去世，安葬在雍地，殉葬的有一百七十七人。秦国的良臣子舆氏[1]三兄弟也在殉葬者之列，他们名叫子舆奄息、子舆仲行和子舆鍼（zhēn）虎。秦国人哀悼这三位良臣，就作了《黄鸟》一诗，以示怀念。有德行的人都说："秦穆公拓展疆域，振兴国力，东边征服了晋国，西边称霸戎夷地区，却没能当上诸侯盟主，这也是应该的。因为他死后遗弃人民，让良臣殉葬而死。远古有道德的帝王都要在身后留下好的道德与法度，而他却夺去了老

① 子舆氏：亦作"子车氏"，为秦穆公殉葬，后人哀怜他们，称为"三良"。

百姓所同情的善人良臣。由此可知，秦国是不能再向东部发展了。”秦穆公共有四十个儿子，继位的是太子罃（yīng），这就是秦康公。

康公元年（公元前620年），此时，秦穆公已经去世了，晋襄公也去世了。襄公的弟弟名叫雍，母亲是秦国人，他自己也住在秦国。晋国大臣赵盾想拥立雍，就派随会[①]前来雍迎接，秦国派军队护送雍到令狐城。但此时晋国国内已经拥立了襄公的儿子，晋军就反过来攻击秦国军队，秦军败回国内，随会也投奔了秦国。康公二年（公元前619年），秦国讨伐晋国，夺取了武城，报了令狐之战的仇。四年（公元前617年），晋国讨伐秦国，夺取了少梁。六年（公元前615年），秦国讨伐晋国，夺取了羁马。双方在河曲一带发生激战，秦军大胜。晋国人担心留在秦国的随会是个隐患，就派遣魏雠（chóu）馀[②]假装谋反，来与随会商量计策。随会中了圈套，被骗回了晋国。康公在位十二年后去世，由他的儿子共公继位（公元前608年）。

共公二年（公元前607年），晋国的赵穿杀了晋灵公。三年（前606年），楚庄王强大起来，楚兵不断向北推进，一直抵达洛邑地区，并询问有关周鼎的情况。共公在位五年后去世，由他的儿子桓公继位（公元前603年）。

桓公三年（公元前601年），晋国俘虏了一名秦将。十

---

① 随会：又称为随武子、范武子、士会。春秋时晋国大夫。士芀（wěi）之孙。字季。封地在随，后受封范地。晋哀公死，出使秦国，迎立公子雍，为赵盾所拒，因而奔秦。后仍归晋。历任上军之将、中军之帅，并兼任太傅。

② 魏雠馀：又称为魏寿余，晋国大夫，封地在魏邑。

年（公元前 594 年），楚庄王征服了郑国，并深入北方，将晋兵击败于黄河之滨。从这个时候，楚国开始正式称霸，由楚庄王主持各国诸侯的会盟活动。二十四年（公元前 580 年），晋厉公刚刚继位，与秦国订立了盟约，两国以黄河为界。但秦桓公回去之后就背弃盟约，与戎族商量进攻晋国。二十六年（公元前 578 年），晋国率各诸侯军队讨伐秦国，秦军败退，晋军追击到泾水一带才班师回国。秦桓公在位二十七年后去世，由他的儿子景公继位（公元前 576 年）。

景公四年（公元前 573 年），晋国的栾书①杀了晋厉公。十五年（公元前 562 年），秦军援救郑国，在栎（yuè）地打败晋军。这个时候，晋悼公成了诸侯盟主。十八年（公元前 559 年），晋悼公更加强大，几次会盟诸侯，并率盟军讨伐秦国，将秦军击败。秦军溃退，晋军乘胜追击，渡过泾水，一直到棫（yù）林地区后才返回。二十七年（公元前 550 年），秦景公到晋国与晋平公订立盟约，但不久又背弃了盟约，三十六年（公元前 541 年），楚公子围杀了国君，自立为王，称为楚灵王。景公的同母弟弟后子鍼很受宠幸，又非常富有，有人就向景公说他的坏话。他很害怕因此被杀掉，便逃到了晋国，财物装满了上千辆车。晋平公问他："你这么富有，为什么还要逃跑呢？"他回答说："秦公是个不讲道义的人，我担心他会杀我，所以想等他死后再回去。"三十九年（公元前 538 年），楚灵王势力强大，在申地会集诸侯，成为盟主，

① 栾书（？—公元前 573 年）：即栾武子。春秋时晋国大臣。由下军之佐升为中军元师，代郤克为政。曾率师在鄢陵大败楚军。后和荀偃派人刺杀厉公，拥立悼公。遗物有"栾书缶"。

并杀了齐国的乱臣庆封。景公在位四十年以后去世，由他的儿子哀公继位（公元前 536 年）。后子鍼果真重返秦国。

哀公八年（公元前 529 年），楚公子弃疾杀掉灵王，自立为王，这就是楚平王。十一年（公元前 526 年），楚平王请秦国嫁一个宗室女儿作为楚太子建的妻子。等儿媳妇迎娶回来后，平王发现她长得非常漂亮，就自己娶了她。十五年（公元前 522 年），楚平王准备杀掉太子建，建闻讯逃跑了。【70】楚国名臣伍子胥也投奔了吴国。这时，晋国公室的势力逐渐衰弱，而国内六大家族却日趋强大，各家族间忙于相互攻击，所以秦国与晋国之间很久没有发生战争了。三十一年（公元前 506 年），伍子胥辅佐吴王阖闾[1]（hé lǘ）讨伐楚国，楚王逃到了随地，吴国军队就攻占了楚国的都城郢（yǐng）。楚国大夫申包胥跑到秦国请求紧急援助，七天七夜没吃东西，长哭不止，秦国就派了五百辆战车去援救楚国。

① 阖闾：又名“阖庐”。

秦军将吴军打败，吴军只得撤走，楚昭王因此重返郢城。哀公执政三十六年后去世。由于太子夷公很早就死了，没来得及继承王位，所以就由夷公的儿子继位，这就是秦惠公。

惠公元年（公元前 500 年），孔子代理鲁国宰相的职务。五年（公元前 496 年），晋国六大家族中的中行氏和范氏造反，晋君派智氏和赵简子[①]前去镇压，范氏和中行氏逃到了齐国。秦惠公在位十年之后去世了，由他的儿子悼公继位（公元前 490 年）。

悼公二年（公元前 489 年），齐国大臣田乞杀了齐君孺子，另立孺子的异母哥哥阳生，称为齐悼公。六年（公元前 485 年），吴国军队打败齐国军队，齐国人趁机杀了悼公，拥立悼公的儿子简公。九年（公元前 482 年），晋定公与吴王夫差会盟，双方在黄池争当盟长，最后由吴王先歃血为盟。吴国逐渐强大起来，开始欺压中原地区的诸侯国。十二年（公元前 479 年），齐国的田常杀了齐简公，另立简公的弟弟平公，由田常当宰相。十三年（公元前 478 年），楚国消灭了陈国[②]。秦悼公在位十四年后去世，由他的儿子厉共公继位（公元前 476 年）。孔子在悼公十二年时去世了。

厉共公二年（公元前 475 年），蜀国人前来进贡，十六年（公元前 461 年），秦国在黄河边开挖渠沟。又发兵两万进攻西戎的大荔，占领了大荔王城。二十一年（公元前 456 年），

---

① 赵简子（？—公元前 476 年）：即赵鞅。春秋末年晋国卿。又名志父，亦称赵孟。经常与本国的范氏和中行氏争夺地盘。晋定公十九年（公元前 493 年）在战斗中取得决定性胜利，奠定了建立赵国的基础。

② 陈国：周诸侯国名。妫姓，侯爵。为舜帝之后。

初次在频阳设县管理。同年，晋国攻占了武城。二十四年（公元前 453 年），晋国发生内乱，智伯被杀，他的地盘被赵、韩、魏三家瓜分。二十五年（公元前 452 年），智伯的儿子智开与同邑的人投奔秦国。三十三年（公元前 444 年），秦军讨伐西戎中的义渠族，并俘虏了义渠王。三十四年（公元前 443 年），天上出现了日食。同年，厉共公去世，由他的儿子躁公继位（公元前 442 年）。

躁公二年（公元前 441 年），南郑[①]地区造反。十三年（公元前 430 年），义渠族前来反攻秦国，军队抵达渭南地区。十四年（公元前 429 年），躁公去世，由他的弟弟怀公继位（公元前 428 年）。

怀公四年（公元前 425 年），秦国的庶长鼂（cháo）[②]和大臣们围攻怀公，怀公被迫自杀。怀公的太子叫昭子，早就死了，大臣们即拥立昭子的儿子继位（公元前 424 年），称为秦灵公。灵公实际上是怀公的孙子。

灵公六年（公元前 419 年），晋国在少梁建城，秦国前去攻打。十三年（公元前 412 年），秦国又在籍姑建城。秦灵公去世后，他的儿子献公没能继位，被拥立的是灵公的叔父悼子，这就是秦简公。简公是昭子的弟弟，怀公的儿子。

简公六年（公元前 409 年），开始规定官吏要佩带刀剑。秦国在洛水边挖掘战壕，又在重泉修筑城池。简公在位十六年后去世，由他的儿子惠公继位（公元前 399 年）。

惠公十二年（公元前 388 年），生了个儿子叫出子，

---

① 南郑：周王室畿邑，因在镐京以南，故称南郑。周穆王时曾立为都城。

② 庶长鼂：鼂，人名。庶长为秦国爵名，有大庶长、左庶长、右庶长等。

十三年（公元前 387 年），秦国讨伐蜀国，夺取了南郑。惠公死后，就由出子继位（公元前 386 年）。

出子二年（公元前 385 年），庶长改从河西迎回灵公的儿子献公，拥立他为秦王。杀了出子和他的母亲，并将尸体沉入深渊之中，在这以前的一个时期，秦国频繁地更换君王，使得君臣关系非常混乱。因此，晋国又重新强大起来，夺取了秦国的河西地区。

献公元年（公元前 384 年），废止了用活人殉葬的陋习。二年（公元前 383 年），在栎阳修建城池。四年正月庚寅日，秦孝公出生。十一年（公元前 374 年），周朝的太史儋对秦献公说："从前周秦是合在一起的，到后来才分开。分开五百年后又会合二为一。合成一体后，再过十七年，就会有一位霸主诞生。"十六年（公元前 369 年），桃树在冬天开了花。十八年（公元前 367 年），栎阳下了金雨。二十一年（公元前 364 年），秦国和晋国在石门发生战争，秦军斩下了六万晋军首级。周天子赐给绣有花纹的礼服以示祝贺。二十三年（公元前 362 年），秦军与魏军在少梁城发生激战，俘虏了魏将公孙痤（cuó）。二十四年（公元前 361 年），献公去世，他的儿子孝公继位。这时孝公已经二十一岁了。

孝公元年（公元前 361 年），黄河、华山以东有六个强国，齐威王、楚宣王、魏惠王、燕悼王（应为燕文公）、韩哀侯（应为韩昭侯）、赵成侯与秦孝公同为强国之君。淮河与泗水之间还有十多个弱小国家。楚国与魏国都是秦国的邻国。魏国修筑了长城，从郑县开始，沿洛河向北，一直修到上郡。楚国与秦国在汉中地区接壤，南部有属于楚国的巴郡和黔中。

周王室已经很衰弱，诸侯们用武力为政，相互兼并。秦国因为地处偏僻的雍州，不参加中原各诸侯国的会盟，所以中原各国将秦国视为夷狄。于是，秦孝公即位之初就广施恩惠，赈济孤寡老人，招募战士，明确奖赏战功的办法。孝公通令全国说："从前穆公在岐山和雍州一带施行德政，整顿军队，所以既能够往东平定晋国的内乱，把疆界拓展到了黄河岸边；又能够往西称霸戎狄地区，扩大了上千里的国土。周天子赐封他为方伯，诸侯们都来祝贺，这一切都为秦国的子孙后代奠定了美好光辉的基业。【71】但到了厉公、躁公、简公和出子时期，却国无宁日。国内有忧患，没有空暇顾及国外的事，以至于让韩、魏、赵三国夺走了我国先君们开拓的河西地区，诸侯们也瞧不起秦国。这真是奇耻大辱。自从献公继位之后，镇抚了边境地区，又迁都栎阳，准备东征，收复穆公时的领地，恢复穆公时的政令。我一想起先君的这些雄心壮志，内心就常常感到很痛苦。如果宾客大臣之中有谁能献上计策，让秦国强大起来，我就让他做官，并赐给他土地。”于是，孝公出动大军，往东围攻陕城，往西斩杀了戎族的獂（huán）王。

卫鞅[1]听说秦孝公颁布了这样的诏令，就向西来到了秦国，通过宦官景监求见孝公。

二年（公元前 360 年），周天子给秦国赏赐了祭肉。

三年（公元前 359 年），卫鞅建议孝公变更法制，修定刑罚。对内致力于农业，对外奖励英勇战斗的将士。孝公很重视卫鞅的建议，甘龙、杜挚[2]等人却不以为然，与卫鞅进行辩论，双方相持不下。最后，孝公采纳了卫鞅的办法。老百姓开始觉得很艰苦，但三年之后，就感受到了新法的好处。于是，孝公任命卫鞅为左庶长。这些事情都在《商君列传》中有详细的记载。

七年（公元前 355 年），秦孝公与魏惠王在杜平邑会盟。八年（公元前 354 年），秦军在元里邑战胜魏军。十年（公元前 352 年），卫鞅担任大良造，率兵围攻魏国的安邑，安邑人被迫投降。十二年（公元前 350 年），建造咸阳城，修筑了高大的门观，秦国迁都咸阳。与此同时，将小乡村合并为大县，每个县设一个县令，全国共设四十一个县。又为田地设置田界，修筑道路。这时，秦国的东部边界已跨过了洛水。十四年（公元前 348 年），开始实行新的土地赋税方法。十九年（公元前 343 年），周天子赐封秦孝公为方伯。二十

① 卫鞅：战国时期政治家，公孙氏，名鞅，卫国人，故称卫鞅。后被赐商於，号商君，史称商鞅。事详见《商君列传》。

② 甘龙、杜挚：人名，均为秦国大臣。

年（公元前 342 年），诸侯们都来祝贺。秦国派遣公子少官率兵与诸侯们在逢泽会盟，并朝见了天子。

二十一年（公元前 341 年），齐国军队在马陵打败魏国军队。

二十二年（公元前 340 年），卫鞅率兵出击魏国，俘虏了魏公子卬（ánɡ）。孝公赐封卫鞅为列侯，号称商君。

二十四年（公元前 338 年），秦军与魏军在雁门发生激战，魏国名将魏错被俘。

孝公死后，由他的儿子惠文君继位（公元前 337 年）。这一年，惠文君杀了卫鞅。卫鞅刚开始在秦国推行新法时，法令还没有得到顺利执行，太子就犯了法。卫鞅说："新法之所以行不通，就在于王亲贵戚们不主动遵守。如果孝公您一定要推行新法的话，就必须从太子这里开始。要想太子本人不能承受墨刑，就应该用墨刑来惩罚太子的师傅。"如此一来，新法变得畅通无阻，秦国社会得到成功的治理。等孝公去世，太子继位以后，由于大多数王亲贵戚都怨恨卫鞅，卫鞅只得逃跑。秦王就给他加上反叛的罪名，终于将卫鞅车裂而死，并陈尸示众。

惠文君元年，楚国、韩国、赵国和蜀国前来朝见秦君。二年（公元前 336 年），周天子向秦君祝贺。三年（公元前 335 年），惠文君举行冠礼。四年（公元前 334 年），周天子送来祭祀文王武王的祭肉，以示优待，同年，齐国和魏国国君都自称为王。

五年（公元前 333 年），一个名叫犀首的阴晋人做了大良造。六年（公元前 332 年），魏国将阴晋献给秦国，秦国将此地改称为宁秦。七年（公元前 331 年），公子卬率军与魏国军队激战，俘虏了魏国将领龙贾，斩杀魏军八万。八年（公元前 330 年），魏国将河西地区献给秦国。九年（公元前 329 年），秦军渡过黄河，占领了汾阴和皮氏，并在应城会见了魏王。秦军还包围焦邑，逼迫它投了降。十年（公元前 328 年），张仪当了秦国的相国。魏国又将上郡地区的十五个县献给秦国。十一年（公元前 327 年），秦国在义渠设县管辖，义渠国君做了秦君的臣子。同年，秦国将焦城和曲沃还给了魏国，又将少梁改名为夏阳。十二年（公元前 326 年），秦君初次举行腊祭。十三年四月戊午日，秦惠文君称王，韩国国君也跟着称王。秦王派遣张仪攻占了陕地，并将陕地的百姓驱赶到了魏国。

十四年（公元前 324 年），改年号为惠文王元年。二年（公元前 323 年），张仪与齐国和楚国的大臣在啮（niè）桑会谈。三年（公元前 322 年），韩国和魏国的太子前来朝见秦王。张仪当了魏国的宰相。五年（公元前 320 年），秦王巡视到了北河一带。七年（公元前 318 年），乐池当了秦国的宰相。韩、赵、魏、燕、齐等国率领匈奴军队联合进攻秦国。八年（公元前 317 年），秦国派遣庶长樗（chū）里疾在脩鱼迎战联军，俘虏了韩国的申差将军，打败了赵公子渴和韩太子奂的军队，斩获了八万二千个联军首级。【72】八年（公元前 317 年），张仪再次成为秦国的宰相。九年（公元前 316 年），秦国将军司马错讨伐蜀国，并将其消灭。同时，又占领了赵国的中都和西阳。十年（公元前 315 年），韩国将太子苍送到秦国当人质。秦军占领了韩国的石章，打败了赵国将领泥，并占领义渠地区的二十五座城市。十一年（公元前 314 年），秦将樗里疾进攻

魏国的焦城，焦城守军被迫投降。秦军又在岸门打败韩国军队，斩获一万多首级，只有韩国犀首将军逃脱了。同年，公子通被分封到蜀地。燕君将王位让给了他的大臣子之。十二年（公元前 313 年），秦王在临晋会见梁王。庶长樗里疾进攻赵国，俘虏了赵国的庄将军。同年，张仪当了楚国的宰相。十三年（公元前 312 年），庶长魏章在丹阳进攻楚军，俘虏了楚国的屈匄（gài）将军，斩获八万首级。秦军又在汉中地区进攻楚军，占领了六百里土地，设立了汉中郡。楚国军队也围攻秦国的雍氏。秦国一方面派遣庶长樗里疾帮助韩国进攻东方的齐国，另一方面，又派军队到满地帮助魏国进攻燕国。十四年（公元前 311 年），秦军讨伐楚国，占领了召陵。丹国和犁国都向秦国称臣，蜀国的宰相陈壮也杀了蜀侯来投降秦国。

惠王死后，由他的儿子武王继位。韩国、魏国、齐国、楚国和越国都表示归顺秦国。

武王元年（公元前 310 年），秦王在临晋会晤魏惠王（应为魏襄王）。又杀了蜀国的宰相陈壮。张仪和魏章都往东到了魏国。秦军讨伐义渠、丹国和犁国。二年（公元前309年），开始设立丞相职位。樗里疾和甘茂分别为左、右丞相。同年，张仪死在魏国。三年（公元前308年），秦王在临晋城外会晤了韩襄王。南公揭去世后，樗里疾当了韩国宰相。武王对右丞相甘茂说："如果我能够坐车游览洛邑地区，考察周王都城，那就死而无憾了。"这年秋天，武王派遣甘茂、庶长寿讨伐宜阳。四年（公元前307年），秦军占领宜阳，斩获了六万首级。秦军又渡过黄河，在武遂兴建城池。魏太子在这一年前来朝见武王。秦武王身强力壮，喜欢玩力量型游戏，所以大力士任鄙、乌获和孟说都做了大官。武王与孟说比赛举鼎，结果折断了腿骨。八月份，武王去世，孟说即被诛灭家族。武王娶了魏国的宗室女子为妻，但没有生儿子，因此，武王的异母弟弟继承了王位，这就是昭襄王。昭襄王的母亲是楚国人，姓芈（mǐ），称为宣太后。武王去世时，昭襄王正在燕国做人质，燕国人将他送回秦国，他才继承了王位。

昭襄王元年（公元前306年），严君樗里疾担任丞相。甘茂出使魏国。二年（公元前305年），天上出现了彗星。庶长壮联合大臣、诸侯和公子造反，但都被杀掉了，连与此案有关的惠文后都没得到好死。武王的王后逃回到魏国的娘家。三年（公元前304年），昭襄王举行冠礼。同年，又在黄棘会晤楚王，并将上庸邑交还给楚国。四年（公元前303年），秦军占领了蒲阪[①]。天上又一次出现了彗星。五年（公元前302年），魏王到应亭[②]来朝见秦王，秦王就将蒲阪归

① 蒲阪：一作"蒲坂"，相传为舜帝都城。此处为临晋之误。

② 应亭：古地名。此处为临晋之误。

还给了魏国。六年（公元前 301 年），蜀侯煇造反，司马错率军平定了蜀乱。庶长奂也率军讨伐楚国，斩获了二万首级。同年，泾阳君到齐国当了人质。天上又出现了日食，以至于连白天都昏暗无光。七年（公元前 300 年）。秦军攻占新城。樗里疾在这一年去世了。八年（公元前 299 年），秦王派遣芈戎将军进攻楚国，夺取了新市。这年，齐国派章子、魏国派公孙喜、韩国派暴鸢，联合出兵进攻楚国的方城，并俘虏了楚将唐昧（mèi）。赵国攻占中山国，中山国国君逃走了，最后死在齐国。同年，魏公子劲、韩公子长被天子赐封为诸侯。九年（公元前 298 年），孟尝君薛文来秦国当丞相。庶长奂率军进攻楚国，占领了八座城市，还杀了楚国的景快将军。十年（公元前 297 年），楚怀王来朝拜秦国，秦国扣留了他。薛文因为接受金钱被免相。楼缓做了丞相。十一年（公元前 296 年），齐国、韩国、魏国、赵国、宋国和中山国等国家联合出兵攻打秦国，但军队刚抵达盐氏就撤回去了，因为秦国主动将黄河以北的一些地方和封陵城让给了联军中的主力韩国和魏国，以此求和。同年，天上再次出现彗星。楚怀王逃亡到赵国，赵国拒绝接收，将他送回秦国，不久他就死了。秦国将他的遗体送归楚国去安葬。十二年（公元前 295 年），楼缓被免职，由穰（ránɡ）侯魏冉做丞相。同年，秦国送给楚国五万石粮食。

十三年（公元前 294 年），秦将向寿征伐韩国，占领了武始。左更白起进攻新城。五大夫吕礼出逃到了魏国，而任鄙被任命为汉中郡守。十四年（公元前 293 年），左更白起在伊阙塞进攻韩国与魏国的军队，斩获首级二十四万。俘虏了魏将公孙喜，夺取了五座城市。十五年（公元前 292 年），大良造白起进攻魏国，夺取了垣城，后来又还给了魏国。白起转攻楚国，夺取了宛（yuān）城。十六年（公元前 291 年），左更司马错夺取了轵（zhǐ）城和邓城。魏冉被免掉丞相的职务[①]。这一年，公子市（fú）被分封在宛城；公子悝（kuī）被分封在邓城；魏冉被分封在陶城。他们都成了诸侯。

十七年（公元前 290 年），韩国的城阳君前来朝见秦王。接着，东周国的国君也来朝见秦王。秦王将垣城划归蒲阪、皮氏。秦王巡视宜阳。十八年（公元前 289 年），左更司马错率兵攻打垣城和河雍，拆毁桥梁后将其占领。十九年（公元前 288 年），秦王自称为西帝，齐王自称为东帝。但后来又都取消了帝号，仍旧称王。同年，吕礼主动返回秦国。齐国攻占宋国，宋国国王逃到魏国，并死在魏国的温地。任鄙也在这一年去世。二十年（公元前 287 年），秦王巡视汉中、上郡和北河地区。二十一年（公元前 286 年），左更司马错进攻魏国的河内。魏国向秦国献出了都城安邑，而秦国则将当地人从安邑赶走，另外招募秦国人来安邑居住，并赐给迁居者爵位。同时，又赦免犯人，也将他们迁居黄河以东的安邑。这一年，泾阳君[②]被分封在宛城。二十二年（公元前 285 年），蒙武[③]进攻齐国。秦国在黄河以东地区设置九个县。同年，秦王与楚王在宛城会晤；与赵王在中阳会晤，二十三年（公元前 284 年），都尉斯离与韩国、赵国、魏国和燕国共同进

---

① 《穰侯列传》和《六国年表》记魏冉被免之事发生在昭襄王十五年。

② 泾阳君：人名，即前文公子市，秦昭王之弟。

③ 蒙武：人名，秦国大将，蒙骜之子，蒙恬、蒙毅之父。

攻齐国，在济水以西的地区打败齐国军队。秦王与魏王在宜阳会晤，又与韩王在新城会晤。二十四年（公元前 283 年），秦王与楚王分别在鄢城和穰城两次会晤。秦军夺取了魏国的安城，并直逼国都大梁。因为燕国和赵国出兵相救，秦军才撤回去。这一年，魏冉被免掉秦国丞相的职务。二十五年（公元前 282 年），秦军占领赵国两座城市。秦王与韩王在新城会晤，又与魏王在新明邑会晤。二十六年（公元前 281 年），秦国赦免罪犯，并将他们迁居到穰城。魏冉又恢复了丞相的职位。二十七年（公元前 280 年），司马错进攻楚国。秦国又赦免一批罪犯，将他们迁居到南阳。白起进攻赵国，夺取了代地的光狼城。秦王又派司马错征发陇西的士兵，经过蜀地去攻打楚国的黔中，并将黔中占领。二十八年（公元前 279 年），大良造白起进攻楚国，夺取了鄢城和邓城，并赦免罪犯分别迁居到这两地。二十九年（公元前 278 年），大良造白起进攻楚国，占领了楚国的都城郢，并将郢改名为南郡。楚王逃走了。同年，周君叫来秦国朝见。秦王与楚王在襄陵会晤。白起被封为武安君。三十年（公元前 277 年），蜀中郡守张若讨伐楚国，夺取了巫郡和江南，改设为黔中郡。三十一年（公元前 276 年），白起进攻魏国，夺取了两座城市。同年，楚国人在江南地区反叛秦国。三十二年（公元前 275 年），丞相穰侯率军进攻魏国，军队直逼大梁城，打败了暴鸢的队伍，斩获四万魏军首级。暴鸢侥幸逃脱，魏国只好献出三个县，请求讲和。三十三年（公元前 274 年），客卿胡阳进攻魏国的卷城、蔡阳和长社，并夺取了这三座城市。接着，又在华阳击败魏将芒卯的军队，斩获首级十五万。魏国又献出南阳请求讲和。三十四年（公元前 273 年），秦国与魏国和韩国暂时休战。秦王将原楚国的上庸改为一个郡，并将已降服的南阳臣民迁到这里居住。三十五年（公元前 272 年），秦国帮助韩国、魏国和楚国讨伐燕国。同年，秦国开始设置南阳郡。三十六年（公元前 271 年），客卿灶进攻齐国，夺取了刚城和寿城。秦王将这两处地方赐给了穰侯。三十八年（公元前 269 年），中更胡阳进攻赵国的阏（yù）与，但没能攻下。四十年（公元前 267 年），秦国的悼太子死在魏国，遗体运回后，安葬在芷阳。

四十一年（公元前 266 年）夏天，秦国进攻魏国，夺取了邢丘和怀邑。四十二年（公元前 265 年），安国君被立为秦太子。同年九月，穰侯出都，到了陶城。十月，宣太后逝世，被安葬在芷阳的郦山。四十三年（公元前 264 年），武安君白起进攻韩国，占领了九座城市，斩获五万首级。四十四年（公元前 263 年），秦军夺取南阳。四十五年（公元前 262 年），五大夫贲（bēn）进攻韩国，夺取了十座城市。同年，叶阳君公子悝前往封国，结果死在路途之中。四十七年（公元前 260 年），秦国进攻韩国的上党，上党守军投降了赵国。因此，秦国军队转而进攻赵国，赵国也出兵迎战，双方相持不下。秦王就派遣武安君白起率军攻击。结果，秦军在长平打败赵军，并将俘虏的四十多万赵国将士全部杀掉了。【73】四十八年（公元前 259 年）十月，韩国向秦国献出垣、雍。秦王将秦国军队整编为三支大军。武安君白起率部回国驻守；王龁[1]（hé）率部攻占赵国的武安、皮牢；司马梗率部进攻

① 王龁：又名王齮（yǐ）。

【73】

北方的太原，完全占领韩国的上党地区，正月的时候，秦国曾暂停进攻，驻守在上党地区。同年十月份，五大夫王陵又率军进攻赵国的邯郸。四十九年（公元前 258 年）正月，秦国向五大夫王陵调派了增援部队，但由于他不善于打仗，所以被阵前免职，由王龁取而代之。十月份，将军张唐进攻魏国，魏国的部将蔡尉玩忽职守，逃回国后被斩杀。五十年（公元前 257 年）十月，武安君白起犯了罪，被夺去官爵，降为士兵，贬到阴密。与此同时，张唐攻占了郑城[1]。十二月，秦国增派军队前往汾城附近驻守。武安君白起畏罪自杀。王龁

① 郑城：古地名。原文“郑”疑为“鄚”字之误。

进攻邯郸失利，只得撤军，投奔驻守在汾阳的秦军。又过了两个多月，秦军猛攻魏军，斩获六千个首级，还有两万具魏军和楚军的尸体随黄河漂走了。紧接着，秦军进攻汾城。随后，秦军在张唐的指挥下夺取了宁新中，并将宁新中改名为安阳。同时，秦国首次在黄河上建桥。

五十一年（公元前 256 年），将军摎进攻韩国。夺取了阳城和负黍，斩获四万首级。秦军又转攻赵国，夺取二十多个县，共斩首和俘虏九万赵军。这时，西周君反叛秦国，联合各诸侯国，统率天下的精锐部队出伊阙关进攻秦国，并让秦王无法与阳城沟通联系。于是，秦国派遣将军摎进攻西周，吓得西周君立即跑来秦国叩头认罪，并献出全部的三十六座城市，三万口人。【74】秦王接受了这些献礼，并把西周君送回了周国。五十二年（公元前 255 年），周朝国都的老百姓都逃到东部地区，周朝的九鼎落入了秦国之手。因此，到这个时候，周朝基本上算是灭亡了。

五十三年（公元前 254 年），天下诸侯都来表示归顺秦国。因为魏国的使节来得最晚，秦王就派遣将军摎进攻魏国，并夺取了吴城。韩王亲自前来朝拜秦王，魏王也只得将国事托付给秦王，一切事情都听从秦王的命令。五十四年（公元前 253 年），秦王在雍地郊祭上帝。五十六年（公元前 251 年）秋天，昭襄王去世，由他的儿子孝文王继位。孝文王的生母、唐八子被尊称为唐太后，与昭襄王合葬在一起。韩王穿着孝服亲自前来吊唁，各国诸侯也都派遣本国的将相前来祭吊，并参与办理丧事。

孝文王元年（公元前 250 年），大赦罪犯，表彰先王的功臣，

优待所有亲戚，开放王家园林。孝文王服丧期满后，于十月己亥日即位，并更改年号。但三天之后，孝文王就去世了，由他的儿子庄襄王继位。

庄襄王元年（公元前 249 年），也大赦罪人，表彰先王的功臣。同时又推行德政，优待亲属，并对普通老百姓广施恩惠。东周国君与各国诸侯暗中商量，准备联合抵抗秦国。秦王就派相国吕不韦去杀了东周君，并将东周国全部并入秦国。但秦国没有断绝周朝的祭祀，而是将阳人聚这块地方赐给了周君，让他奉继周朝的祭祀。同年，秦国派遣蒙骜（ào）进攻韩国，韩国只好献出成皋和巩城。秦国的边界推进到了大梁一带。从这时起，秦国开始设置三川郡。庄襄王二年（公元前 248 年），秦王又派蒙骜进攻赵国，平定太原地区。三月，蒙骜攻占了魏国的高都和汲城。接着又转攻赵国的榆次、新城和狼孟，共夺取了三十七座城市。四月份，天上出现了日食。三年（公元前 247 年），王龁进攻上党。秦国头一次设置太原郡。魏国将军无忌率领魏、赵、韩、楚、燕五国的军队反攻秦国，秦军退到黄河以南的地区。直到蒙骜战败后，五国联军才解围撤走。五月丙午日，庄襄王去世，由他的儿子嬴政继位（公元前 246 年），这就是秦始皇帝。

秦王嬴政在位二十六年后，正式统一了天下。他将全国划分为三十六个郡，自称为始皇帝。秦始皇建立帝制十一年后驾崩，由他的儿子胡亥继位（公元前 209 年），这就是二世皇帝。二世皇帝三年（公元前 207 年），以前的诸侯纷纷起来反叛秦国。赵高杀了秦二世胡亥，另立子婴（公元前 207 年）。子婴继位才一个多月，就被反叛的旧诸侯杀了。秦国因此灭亡了。这一过程在《秦始皇本纪》有详细记载。

太史公说：秦国的祖先本来姓嬴，他的后代被分封到各国，就分别以国名为姓，因此就有了徐氏、郯(tán)氏、莒(jǔ)氏、终黎氏、运奄氏、菟裘氏、将梁氏、黄氏、江氏、脩鱼氏、白冥氏、蜚廉氏和秦氏。但秦国的祖先造父是被分封在赵城，所以应该姓赵氏。

知识拓展

怨入骨髓

释义：恨到骨头里。形容怨恨到极点。

出处：《史记·秦本纪》："文公夫人，秦女也，为秦三囚将请曰：'缪公之怨此三人入于骨髓，愿令此三人归，令我君得自快烹之。'晋君许之，归秦三将。"

秦·二十级军功爵位制【从一到二十，由低位到高位】

一、公士

二、上造

三、簪袅

四、不更

五、大夫

六、官大夫（国大夫）

七、公大夫（列大夫）

八、公乘

九、五大夫

十、左庶长

十一、右庶长

十二、左更

十三、中更

十四、右更

十五、少上造

十六、大上造（大良造）

十七、驷车庶长

十八、大庶长

十九、关内侯（伦侯）

二十、彻侯（列侯）

史记卷六

秦始皇本纪

扫描二维码
阅读本篇原文

秦始皇　吕不韦　李斯　嫪毐　荆轲　徐市　蒙恬

扶苏　胡亥　赵高　陈胜　章邯　子婴　沛公

秦始皇，是秦国庄襄王的儿子。庄襄王曾经被作为秦国的人质派往赵国，在那里见到了吕不韦①的一个妾，心生爱意，便娶了她，生下始皇。始皇于秦昭王四十八年正月生于邯郸。出生时取名为政，姓赵。十三岁时，庄襄王去世，政被立为秦王。这个时候，秦国的疆土已兼并了巴蜀两郡、汉中，越过宛县后，还占领了楚国郢都，并设置了南郡；北上又攻占了上郡以东的地方，包括河东、太原、上党郡；东至荥阳，消灭西周、东周②二国后，设置了三川郡。吕不韦被封为相国，封禄十万户，封号为文信侯。他招揽宾客游士，想要吞并天下。李斯便是吕不韦的舍人。蒙骜、王齮、麃（biāo）公③等人被封为将军。秦王年纪还小，又刚刚即位，国事便委托给大臣们。

晋阳叛乱，始皇元年（公元前 246 年），将军蒙骜派兵出击，平定了叛乱。二年（公元前 245 年），麃公率将士攻打卷邑，斩首三万多人。三年（公元前 244 年），蒙骜攻打

① 吕不韦（？—公元前 235 年）：卫国濮阳人。原为阳翟大商人，后为秦相国。秦始皇亲政后，被免职，迁往蜀郡后自杀。事详见《吕不韦列传》。

② 西周、东周：均为国名，东周是战国时由西周分裂出来的另一小国。

③ 麃公：秦国大夫，姓名、生卒年不详。

韩国，夺取了十三城。此时王齮死了。十月，将军蒙骜攻打魏国的畼（chàng）邑和有诡。这一年正遇大饥荒。四年（公元前 243 年），攻下了畼邑和有诡。三月便停止了进军。作为秦国人质的太子从赵国回来了，赵太子也从秦国回到了赵国。十月的庚寅日这一天，蝗虫成群地从东方飞来，遮天蔽日。全国发生了瘟疫。老百姓贡献粟米一千石，可以授爵位一级。五年（公元前 242 年），将军蒙骜攻打魏国，攻克酸枣、燕、虚、长平、雍丘、山阳城，夺取了二十座城。首次设置东郡。这年冬天响起了雷声。六年（公元前 241 年），韩、魏、赵、卫、楚五国共同攻打秦国，攻克了寿陵。秦国出兵反击，五国才收兵。秦国攻下了卫国，设置东郡，卫国国王角率领部属迁至野王邑，凭借山势保卫魏国的河内。七年（公元前 240 年），有彗星出现，先是在东方，后又出现在北方，五月转移到了西方。

将军蒙骜去世。当时正派兵攻打龙、孤、庆都，将军一死，军队只得退回来攻打汲县。彗星又在西方出现了十六天。夏太后[①]死了。八年（公元前 239 年），秦王的弟弟长安君成蟜领兵攻击赵国，在此过程中谋反，死在屯留，他手下的军吏全部被斩首，居住在该地的百姓被迁往临洮。前来讨伐成蟜的将军壁战死，在屯留、蒲鹝参与叛乱的士兵，把将军壁陈尸示众。与此同时，因黄河泛滥，河里的鱼被成批地抛到岸上，老百姓便轻车重马地东迁。嫪毐（lào ǎi）[②]被封为长信侯。

---

① 夏太后：庄襄王的生母。

② 嫪毐（？—公元前 238 年）：战国末年秦国宦官。初为吕不韦门人。因得太后宠幸，发展党羽，权势极大。

【75】

秦王赐予他山阳之地，让他居住。宫室、车马、衣服、花园、猪圈以及围猎等等，如此各项事宜都听任嫪毐办理，国事无论大小都取决于他，后又将河西太原郡改为嫪毐的封国。

秦九年（公元前238年），彗星又出现了，有时划过天空。秦王派兵进攻魏国的垣（yuán）邑、蒲阳。四月，秦始皇住宿在雍地。己酉这天，举行男子成年的加冠仪式，秦王佩上了宝剑。【75】长信侯嫪毐谋反作乱被发觉，他假造皇帝与太后的印玺和信件，发给县里的军队以及皇帝卫队、官骑、戎翟部族的首领和家臣，准备攻占蕲（qí）年宫，以此作乱。秦始皇知道后，命令相国吕不韦、昌平君①、昌文君②统兵进攻嫪毐。战斗在咸阳打响，杀敌几百人，昌平君和昌文君都被授予了爵位。凡参战的宦官，也都授予一级爵位。嫪毐失败后逃走。秦王于是下令全国：活捉嫪毐者，赏钱百万；杀死他的，奖五十万，结果嫪毐及其手下人全部被活捉。卫尉竭、内史肆、佐弋（yì）竭、中大夫令齐等二十人都被斩首，将嫪毐车裂后陈尸示众，灭掉了他的宗族。他的家臣，罪轻的被处以鬼薪之刑③。同时被剥夺爵位迁往巴蜀地区的有四千多家，在房陵定居。这个月天寒地冻，有人被冻死。接着便是杨端和进攻衍氏。彗星出现在西方，又在北方出现，从北斗星所在的方向往南共出现了八十天。

秦十年（公元前237年），相国吕不韦因嫪毐的牵连而被免官。桓齮做了将军，齐王、赵王来朝，置办酒宴款待。

① 昌平君：楚国公子，后为项燕立为荆王。

② 昌文君：曾任秦相国。姓名不详。

③ 鬼薪之刑：即为宗庙打柴的徒刑，为期三年。

齐人茅焦劝秦王说："秦国正以统一天下为事业，而大王您却有流放母太后的名声，恐怕诸侯听说后，要因此而背叛秦国啊。"秦始皇听后在雍地迎接母亲，一同进入咸阳，让母亲仍旧住在甘泉宫。

秦始皇在全国开始搜捕、驱逐游士。李斯上书劝阻，秦王才收回逐客令。李斯游说秦王，请求先攻下韩国，以此威吓其他国家。秦王于是派李斯去降服韩国。韩王为此十分焦虑，与韩非①一起策划削弱秦国的势力。魏国大梁一个名叫尉缭的人来到秦国，对秦王说："以秦国的强大，秦王对于各国诸侯而言，就好比郡县的郡主一样，但只怕各诸侯国联合起来，出其不意地共同对付秦国，要知道智伯②、夫差③、齐湣王④就是这样灭亡的啊。希望大王不要吝惜钱财，而要用财物去贿赂各国有权势的大臣。这样做不过损失三十万金罢了，却可以使各诸侯国自取灭亡。"秦王听从了尉缭的计谋，见到尉缭时总是以最高礼节平等相待，穿衣、吃喝也都和他一样。尉缭却说："秦王这个人，鼻子尖而高，眼睛细长，胸脯如莺鸟，声音像豺狼，性格狠毒而缺少仁爱，穷困时容易甘为人下，得志的时候也能轻易地吃掉别人。【76】我是一个普通老百姓，然而他见到我时往往表现得很谦卑。如果让秦王得志于天下，那么天下的人都会成为他的俘虏了。"

---

① 韩非（约公元前 280 年—公元前 233 年）：战国末期哲学家，法家的主要代表人物。详见《老子韩非列传》。

② 智伯：即荀瑶。其家族是春秋战国时晋国的六家豪族之一。详见《晋世家》。

③ 夫差（？—公元前 473 年）：春秋末期吴国的国君。吴王阖闾之子。详见《吴太公世家》

④ 湣王（？—公元前 284 年）：齐国国君，即齐闵王。详见《齐太公世家》。

于是尉缭就想逃离秦国。秦王发觉后，坚决地挽留他，让他做秦国的国尉，完全采用他的计谋。这时李斯正掌握着国家的大权。

秦十一年（公元前 236 年），王翦、桓齮、杨端和攻打邺城，夺取了九个城池。王翦进攻阏与和橑杨，把全部军队合并为一军。王翦统率军队十八天，让军队中俸禄微薄的小官离队回家，每十人中推举两人从军，组成精锐部队，攻下了邺城和安阳，再由桓齮统领军队。十二年（公元前 235 年），文信侯吕不韦服鸩酒自杀。他的门客中参加葬礼的，如果是晋国人，就驱逐出境；如果是秦国人，俸禄在六百石以上的，剥夺爵位，并且流放到房陵；俸禄在五百石以下而没有参加葬礼的，流放到房陵，但不剥夺爵位。从此后，像嫪毐和吕不韦这样主持国事而不行正道的，全家都会被登记为奴隶。这年秋天，赦免了被迁往蜀郡的嫪毐家臣和门客。这时候，天下大旱，旱灾延续了两个月。

秦十三年（公元前 234 年），桓齮领兵攻打赵国的平阳。杀了赵将扈辄（zhé），消灭了十万赵兵。赵王逃往河南。这年正月，彗星出现在东方。十月，桓齮又一次攻赵。十四年（公元前 233 年），秦军在平阳攻打赵军，夺下了宜安，大败赵军，并杀了他们的将领。桓齮攻克了平阳和武城。韩非出使秦国后，秦王采用了李斯的主意，扣留了韩非，韩非死在云阳。韩王不得不请求做秦王的臣民。

十五年（公元前 232 年），秦国大举出兵，一支军队攻打邺城，一支进攻太原，夺取了狼孟。这年发生了地震。秦十六年（公元前 231 年）九月，秦王发兵接收韩国的南阳一带土地，派内史腾担任南阳代理太守。开始命令男子登记年龄。这时魏国向秦国献地，秦国将魏国所献的土地设置为丽邑。十七年（公元前 230 年），内史腾兴兵攻打韩国，掳获韩国末代君主韩王安，把韩国所有的土地都纳入秦国版图，设置为一个郡，郡名叫颍川。这年又发生了地震。华阳太后①去世。老百姓遭受了大饥荒。

十八年（公元前 229 年），秦国又大举出兵攻打赵国，由王翦在上地率领军队，攻到赵国后，夺取了井陉（xíng）。杨端和率领河内军队，围困邯郸城，羌瘣（huì）②也领兵攻赵。十九年（公元前 228 年），王翦、羌瘣彻底攻克了赵国，夺取了赵国的全部土地，在东阳掳获了赵王。又准备攻打燕国，将军队驻扎在中山国。秦王到了邯郸，许多在秦王出生于赵

---

① 华阳太后：庄襄王的继母。

② 羌瘣：秦国将领。

国时与秦王母家有仇怨的人都被活埋了。秦王从太原、上郡返回了秦国。随后秦始皇的母亲皇太后去世。赵国的公子嘉带领自己宗族的几百人逃到代地，自立为代王，与东边的燕国军队合并，驻扎在上谷。这年又遇大饥荒。

二十年（公元前227年），燕国的太子丹担心秦国进攻，于是派荆轲去刺杀秦王。秦王发觉荆轲的刺杀意图后，将他的身体肢解示众，同时派王翦、辛胜进攻燕国。燕、代共同出兵抗击秦国，秦军在易水的西边大败燕军。二十一年（公元前226年），王贲[①]率军攻打楚国。由于向王翦的军队增调了更多的兵力，所以秦军打败了燕太子丹的军队，夺取了燕国的蓟（jì）城，砍下了燕太子丹的首级。燕王逃到了东面的辽东，在此称王。王翦称病告老申请回乡。这年新郑反叛。昌平君被谪贬，迁居郢。当年大雨雪交加，大雪深达二尺五寸。

二十二年（公元前225年），王贲领兵攻打魏国，引汴河水淹没魏国的首都大梁。大梁的城墙被水淹坏了，魏王只得请求投降，秦国夺取了魏国的全部土地。【77】

二十三年（公元前224年），秦王坚持让王翦复出，领兵攻打楚国。占领了楚国陈以南至平舆的土地，掳获了楚王。秦王出游到了郢地。楚国将领项燕[②]拥立昌平君为楚王，在淮南宣告反叛秦王。二十四年（公元前223年），王翦、蒙武进攻楚国，大败楚军，昌平君战死。项燕于是自杀。

二十五年（公元前222年），秦国大举出兵，任命王贲

---

① 王贲：秦国著名将领，王翦之子，后秦灭六国战争中的主要将领。

② 项燕（？—公元前223年）：战国末年楚国名将，项羽的祖父。

为将领，进攻燕国的辽东，掳获了燕王喜。再回头攻打代，掳获了代王嘉。王翦于是平定了楚国和江南[①]一带，同时迫使越的君主降服，在此设置了会稽郡。这年五月，特准天下置酒欢宴。

二十六年（公元前 221 年），齐国末代君主田建与其相国后胜出兵守卫西边的疆界，想与秦隔绝。秦王派将军王贲

① 江南：地区名，泛指长江以南。

从燕国南部进攻齐国，掳获了齐王建。

秦国刚刚统一天下，秦王便对丞相、御史下令说：“过去韩王献出土地、交出国玺，对我称臣，请求将他作为戍边大臣，不久便违背了誓约，与赵、魏联合起来与秦国为敌，所以秦国出兵讨伐韩国，掳获了韩王。我以为从此后可以相安无事，或许可以停止战争了。当赵王派他的相国李牧[①]来缔结盟约时，我也因为轻信而归还了当作人质的赵太子。不久赵国又背弃盟约，在太原兴兵反叛，我只得出兵讨伐，掳获了赵王。赵公子嘉这时又自立为代王，所以我出兵消灭了他。魏国开始立下誓约，表示归入秦国，不久也与韩、赵共谋袭击秦国，秦国举兵讨伐，才打败了他。楚王曾经向我献出青阳以西的土地，不久背叛盟约，进攻我国南郡，不得已出兵讨伐，掳获楚王。燕王昏庸无道，燕太子丹于是暗地派荆轲来行刺，我国官兵奋起讨伐，消灭了燕国。齐王采用相国后胜的计策，断绝与秦国的往来，想要发动叛乱，我国官兵前往讨伐，掳获了齐王，平定了齐国。我本人微不足道，派兵平定暴乱，全靠祖宗的神灵庇佑，使得六国的国王全都服输认罪，天下这才完全平定。现在如果不更改名号，便不能称颂我的功绩，以流芳百世。希望你们议一议帝号。”丞相王绾（wǎn）、御史大夫冯劫、廷尉李斯等人都说：“过去五帝拥有千里疆土，疆土之外的侯服、夷服等各类诸侯，有的向五帝朝贡，有的不朝贡，天子不能控制他们。如今您派遣正义的大军，讨伐逆贼，

① 李牧（？—公元前229年）：赵国将军、相国。公元前233年，曾率赵军向秦反攻，大败秦军，后因赵王中了秦国反间计而被杀。

平定天下，在全国范围内设置郡县，统一法令，这些都是从上古以来不曾有过的，连五帝也没能做到啊。我们曾经与博士[1]讨论，认为：‘古代有天皇、地皇和泰皇，泰皇最为尊贵。’我们冒死奉上尊号，称王为‘泰皇’。天子之命称为‘制’，令称为‘诏’，天子自称为‘朕’。”秦王说：“去掉‘泰’字称‘皇’，采用上古时‘帝’这个位号，称为‘皇帝’。其他就采用你们所议定的名称。”于是颁布天子之命：“可以。”又追尊庄襄王为太上皇。天子之命说：“我听说上古时帝王只有号，没有谥（shì），中古时有号，帝王死后按照其生前的德行定谥。这样的话，就是儿子评价父亲，臣子评价君主。我不采用这个做法。从今往后，废除谥号。我是始皇帝，以后的皇帝按辈数计算，二世三世一直到万世，帝位无穷无尽地传下去。”

秦始皇推究水火木金土五种不同性质的物质相生相克和终始交替的顺序，认为周朝是具有火德的朝代，秦取代周，必须采用与周德相克、且能胜过周德的德性。如今是水德的开始，于是更改一年的岁首，群臣入朝庆贺的时间定在每年的十月初一。衣服、旗帜、符节都以黑色为贵。数字以六为基准，符、法冠都定为六寸，车厢是六尺宽，六尺叫步，一车套六马。黄河改名为德水，表示水德统治的开始。因为水为阴性，阴主刑杀，所以统治者刚毅、残暴而深刻，凡事都依法来决断，苛刻而不讲求宽厚、仁慈和道义，才符合五德的气数。于是秦王采用严刑峻法，犯罪的人长期得不到释放。

① 博士：掌管典籍图书和史事，参与议政的官。

丞相王绾等人说："各诸侯国刚被打败，燕国、齐国、楚国地处偏远，不设置王侯，就无法镇服。请求册封几个皇子，希望皇上能准许。"始皇将这件事交给群臣们议论，群臣都认为可以。廷尉李斯建议说："周文王、周武王所封的子弟同姓族人很多，然而后代们关系疏远，像仇敌一样相互攻击，诸侯们更是彼此残杀，周天子也不能制止。现在全国仰仗陛下的神明和睿智实现了统一，在各地设置郡县，皇子和功臣们都以公家的赋税重重地给予赏赐，就很容易控制了。使天下没有图谋反叛的人，这才是安定国家的手段啊。不应该再设置诸侯了。"始皇说："统一以前，因为各诸侯王混战不休，天下百姓都感到困苦。现在仰仗祖宗的神灵，天下已初步安定，如果又重新设置诸侯国，是为自己树立敌对势力啊，再想求得天下安宁，岂不是很困难吗？廷尉的建议是对的。"

秦始皇将全国分为三十六郡，每个郡设置郡守、郡尉、监御三种官职，将老百姓改称为"黔首"。全国都饮酒欢宴。始皇下令没收全国的兵器，并集中到咸阳，将全部兵器熔化，铸成钟鐻[①]（jù），又造了十二个铜人，每个重十二万斤，放置在宫廷里。统一法制和度量衡[②]，规定统一的车柄轨宽。书写规定用统一的文字。疆土东到东海以及朝鲜，西至临洮、羌中，南至北向户[③]，北方依据黄河为要塞，顺着阴山直到辽东。将全国的十二万户富豪人家迁到咸阳。各座祖庙以及

① 鐻：像钟一样的乐器。

② 度量衡：长度、重量和容量的标准

③ 北向户：古地区名。简称"北户"。因当地居民往往向北开门户，故名。

章台宫[①]、上林苑[②]都在渭水以南。秦进攻六国时，每打败一诸侯国，就模仿其宫廷样式，在咸阳北面的山坡上建造。这样一来，南临渭水，从雍门以东至泾水、渭水交汇处，殿宇楼阁林立，其间天桥、回廊相连，所掳获的诸侯国美女、钟鼓，都放入其中。【78】

秦二十七年（公元前220年），始皇巡视陇西和北地两郡，到了鸡头山，路经回中宫[③]。于是在渭水以南修造了信宫[④]，不久又将信宫改为极庙，象征天极。从极庙修筑道路直通郦山，建甘泉宫的前殿。又修筑甬道，从咸阳一直通到这里。这一年，所有的爵位都晋升一级。同时命令修筑宽阔的车道。

二十八年（公元前219年），始皇巡视东方的各郡县，

---

① 章台宫：战国时秦国离宫的台名。

② 上林苑：古宫苑名，位于长安郊外，为秦朝建都咸阳时所设置。汉武帝即位后扩建。

③ 回中宫：宫名。故址在今陕西陇县西北。

④ 信宫：宫名。即长信宫。

【79】

登邹峄山。在山上立一石碑，经与鲁地的儒生们商议，刻碑文赞颂秦朝德政，并讨论祭祀天地山川的大事。于是登上了泰山，立下石碑，筑土坛，祭祀了天神。【79】下山时，遇暴风骤雨而在树下休息，因此封这棵松树为五大夫。又在梁父山辟基筑坛，祭祀了地神。所立石碑的碑文是：

皇帝登位，创立制度，严明法律，臣民谦恭谨慎。二十六年，统一天下，诸侯无不臣服。亲访边民，登临泰山，遍游东方边界之地。随从的众臣感于皇帝的业绩，追溯其丰功伟业，都敬颂皇帝的功德。治国之道得以运用，各种物产发展适宜，一切都有常规定法。道义美好清明，足以垂范于后世，子孙们应该顺承而不要妄加变更。皇帝英明圣达，亲听众事，平定天下以后，仍然勤于治理，不敢懈怠。早起晚睡，为国家谋求长远利益，又一心推崇政教，广为宣讲古训经典。远近都得到治理，无不怡然顺承圣旨。贵贱区别分明，男女依礼行事，人们慎于职守。内外严格有别，无不安宁洁静，这种德政将传于后世。教化的力量将无穷无尽，后世应当谨遵皇帝的诏令，永远秉承深诫。

于是沿着渤海东行，经过黄县、腄（chuí）县，攀上成山，登临之罘（fú）山，在此树立了赞颂秦朝德政的石碑。

始皇继续南行，登临琅邪山，对此地大为喜欢，逗留了三个月。于是下令将三万户百姓迁至琅邪台下，免除他们十二年的徭役。建造琅邪台，其上立石碑，刻文歌颂秦德政，表明始皇深得天下民心之意。碑文是：

二十八年，皇帝初创帝业。端平法度，使万物都有准则，用以修明人事，让天下和睦，父慈子孝。皇帝英明圣哲，仁慈正义，知晓一切道理。安抚东边六国，前往察看士卒。统一的事业完成后，又亲临海滨。皇帝的功劳，在于他辛勤地致力于国家的根本大事。他重视农业，抑制奸商，使老百姓安乐富裕。普天下的百姓团结一心，都顺从皇帝的意志。他统一了度量衡，又统一了文字。凡日月所照之处，车船所到之地，都听从他的诏令，无不顺从其旨意。顺应四时的变化，颁行适当的号令，自然离不开皇帝。整治陋习，跋山涉水，怜惜百姓，早晚不敢懈怠。排除疑难，确定法律，使百姓都知道怎样才能避免犯罪。分派长官到各地执掌政事，各项政务都能顺利地得以施行。一切措施务求妥当，无不整齐明了。皇帝凭着他的圣明，亲临下士，巡视四方，使得尊卑贵贱等级分明，人们恪守本分，不纵容奸诈邪恶之徒，而都追求贞洁贤良。事无巨细，老百姓都竭尽全力，不敢懈怠疏忽。不论远近或是地处偏僻的人，都努力严肃庄重，端庄正直，敦厚忠诚，孜孜不倦地从事自己的职业。皇帝的恩德，使天下得以安定。他讨伐暴乱，铲除祸害，为百姓带来利益和福祉。依照时令，减免老百姓的徭役，让他们专心生产，使各种物产得以丰收。百姓安居乐业，不用拿起武器打仗了。六亲相互保护，彻底消除了盗贼。人们愉快地遵从朝廷的教化，人人都懂得法律规范。普天之下都是皇帝的疆土，西至流沙，南到北户，东有东海，北过大夏。人迹所至，没有不臣服的。始皇的功德盖过五帝，恩德惠及牛马。老百姓人人都沐浴着皇帝的大德，在家里安分守己地生活。

秦王统一天下，立名为皇帝，于是前往东方安抚民心，到达琅邪。列侯武城侯王离、列侯通武侯王贲、伦侯建成侯赵亥、伦侯昌武侯成、伦侯武信侯冯毋择、丞相隗林、丞相王绾、卿李斯、卿王戊、五大夫赵婴、五大夫杨樛（jiū）随从，在临海之地与皇帝共同商议说："古代的帝王，疆土不过千里，诸侯各自守着自己的封地，有的来向帝王朝贡，有的不来，相互以武力侵略，厮杀混战不休，然而还是在铜器或石碑上刻文，为自己树碑立传。上古的五帝和三王，他们在其疆域内实行的教化不统一，法律也不昌明，假借鬼神的威力来欺骗远方，名不符实，所以不能长久，还没等他们死去，诸侯就发动叛乱，法令得不到推行。如今皇帝统一了海内，在各地分设郡县，天下太平。宗庙昭明，身体力行道义和德政，已经完全成就了皇帝的尊号。群臣们共同颂扬皇帝的功德，并刻在铜石上，作为垂范后世的表记。"

碑文刻好后，齐地的徐市（fú）[①]等人上书，说海里有三座神山，名叫蓬莱、方丈、瀛洲，有仙人住在里面。请求

① 徐市：又作"徐福"。

能在斋戒后，带着童男童女前去求仙。于是命徐市带领几千名童男童女，到海中去寻找仙人。【80】

皇帝在返回京城的路上经过彭城，斋戒祈祷，想将传说中飞入泗水的周朝宝鼎捞上来。命令上千人沉入海底去寻找，没有找到。于是往西向南渡过淮水，前往衡山、南郡。渡过长江，到达湘山祠。遭遇大风，几乎不能渡江。皇帝问博士："湘君是什么神？"博士回答说："据说是尧帝的女儿、舜帝的妻子①，死后葬在这里。"于是皇帝非常生气，命令三千个服劳役的刑徒来砍湘山的树，将满山的树都砍光了。然后始皇从南郡经武关回到京城。

二十九年（公元前218年），始皇到东边巡视。到达阳武县的博狼沙时受了强盗的惊吓。下令追捕强盗，但没有抓获，于是命令全国搜查十日。

皇帝登上之罘山，刻石碑纪念。碑文写道：

① 尧女、舜妻：相传尧的两个女儿娥皇、女英同时嫁给舜为妻，后舜出外巡游时死在苍梧，娥皇、女英赶到君山，血泪斑斑，悲绝而死，葬于君山。相传此地产的斑竹，斑点即由她们的泪水所染。

二十九年，正值仲春时分，和煦的阳光刚刚升起。皇帝巡游东方，登临之罘山，在此眺望大海。随臣们看到这般美景，深感皇帝的美德和业绩，追颂皇帝创建国家的历史。这位圣明伟大的皇帝创立治国之道，制定法规制度，使得纲纪分明。对外以礼乐教化诸侯，施以恩惠，晓之以理。韩赵魏燕齐楚六国的国君奸佞狡诈，贪得无厌，不断虐杀百姓。皇帝怜惜天下百姓，于是发兵讨伐，奋扬武德。依仗道义讨伐。行为果敢信实，皇帝的神威通达四方，诸侯无不俯首称臣。他消灭强盗，奋力拯救百姓，平定了天下。在统一的国度里普遍实施严明的法律，以此治理国家。作为标准的法则。实在是伟大圣明啊！普天之下，无不顺从皇帝的意愿。群臣赞美皇帝的功德，请求在石碑上刻文，垂于后世，以作为永久的典范。

皇帝东游的记载是：

二十九年，皇帝春游，视察安抚远方。抵达临海之地，于是登上之罘山，面对一轮朝阳，眺望广阔美丽的山川，随臣们都感念皇帝统治之道的圣明。初创帝业时，他对内整肃，对外铲除强暴。武力威震天下，掳获六国之王，消灭六国，统一了天下。从此彻底平息了灾祸，消除了战争。皇帝贤明圣德，治理国家从不懈怠。创立大义，设置器物，都有章有法。群臣忠于职守，各自负责分内的事务，相互之间没有嫌疑猜忌，老百姓遵从教化，改掉陋习，远近制度统一，自古以来没有过如此完美的局面。经常的职事既然已经确立，后世子孙就可以因循沿袭，永远继承当今圣明的德政。群臣赞美皇帝的功德，虔诚地颂扬他的光辉业绩，请求在之罘山上刻碑文纪念。

不久，皇帝前往琅邪山，取道上党回京城。

三十年（公元前217年），无大事。

三十一年（公元前216年）十二月，将腊祭改名为“嘉平”。每一里百姓赐给六石米和两只羊。始皇着便装私自在咸阳巡行，带着四名武士，夜晚出门时在兰池遇到强盗，处境危险，武士击杀了强盗，于是下令在关中进行二十天的大搜查，这年的米价每石一千六百钱。

三十二年（公元前215年），始皇前往碣石，派燕人卢生访求仙人羡门、高誓[①]。在碣石的城门上刻文，毁坏城郭，决通堤防。所刻的碑文是：

皇帝发动军队，讨伐无道，消除叛乱。以武力除暴，以文德安良，天下民心归顺。论功行赏，连牛马也承蒙赏赐，皇恩浩荡，土地都因此肥沃。皇帝奋扬武威，德并诸侯，使国家初成一统。现在毁坏城郭，挖开河堤，铲除了险阻。地势坦平以后，老百姓从此免去了服徭役的痛苦，国家得以安定。男子乐于耕作，女人专心内务。皇帝的恩泽惠及各种物产，人们潜心耕作，无不安居乐

① 羡门、高誓：传说中的两位仙人。有人认为“羡门高”是仙人，“誓”字是错字或衍字。

业。群臣敬颂皇帝的丰功伟绩，请求刻此碑文，以垂留典范于后世。

于是派韩终、侯公、石生去寻求仙人长生不老的仙药。始皇巡视北方边境，从上郡回京城。燕人卢生从海里回来后，禀报了鬼神的事，并将抄录的谶语呈献给皇帝，说：“消灭秦国的是胡。”始皇于是派蒙恬将军发兵三十万，北上攻打胡人，夺取了黄河以南的土地。

三十三年（公元前 214 年），发动许多曾经逃避兵役和劳役的罪犯、入赘的男子以及商贩，夺取陆梁一带地方，设置桂林、象郡、南海三郡，派遣贬谪的官吏去防守。在西北方驱逐匈奴人。从榆中要塞沿黄河往东直到阴山，设三十四县，沿黄河修筑城墙，作为要塞。又派蒙恬将军渡过黄河，攻下高阙、阳山、北假中一带地方，修筑堡垒，驱逐戎人。将被贬谪或流放的人迁到新建的县以充实人口，禁止这些犯人祭祀。这一年，彗星在西方出现。三十四年（公元前 213 年），贬谪不正直的司法官员，让他们修筑长城或去南方越地戍边。

始皇在咸阳宫设置酒宴，七十名博士前来祝寿。【81】仆射①周青臣进言赞颂道：“过去秦国疆土不过千里，仰仗陛下神灵明圣，平定天下，驱逐蛮夷，普天之下，无不臣服。将当年诸侯领地设为郡县，人人安居乐业，无战争祸患，太平盛世将流传万世。从上古以来没有人能赶得上陛下的神威功德。”皇帝十分高兴。博士齐人淳于越进言说：“我

① 仆射：官名，为某一类官员的首长。

听说殷、周王朝统治一千多年，分封子弟功臣，作为国君的辅翼。如今陛下拥有了天下，而子弟们却是平常的人，如果突然出现春秋时田常①、六卿②一类的乱臣，没有人辅佐皇帝，怎么能挽救局面呢？凡事不参考古训而能维持长久，还从未听说过。现在周青臣又当面阿谀奉承，加深陛下的过错，他不是忠臣。”始皇将他的这番议论传达给群臣讨论。丞相李斯说：“制度相互没有重复的。五帝不相重复，三代不相沿袭，各自建立自己的制度治理国家，并不是有意与前朝相反，而是时代变化了。如今陛下开创伟业，建树万世功德，当然不是愚蠢的读书人所能理解的。况且

---

① 田常：春秋时齐国大臣，曾杀死齐简公，拥立齐平公。任相国。详见《田敬仲完世家》。

② 六卿：春秋后期晋国有范氏、中行氏、知氏、韩氏、赵氏、魏氏六家为卿，亦称六卿。六卿都曾改革田亩制和税制，图谋富强。

淳于越讲的是三代的事，凭什么值得效法呢？从前诸侯纷纷互争长短，以优厚的礼遇招揽天下游学之士。现在天下已安定，法令由陛下统一颁布，老百姓治家就应该努力从事农业生产，士人就要学习法律禁令。现在的读书人不学当今的律令而效法古人以古训，否定当今朝政，在百姓中造成迷惑与混乱。丞相李斯冒死直言：古时天下分离混乱，没有人能够统一，所以诸侯群起，言必称古人，以此非难当今，矫饰虚言，歪曲现实，每个人都自以为所学的知识完美无缺，并凭借这点知识诋毁朝廷所制定的制度。如今皇帝统一天下，辨别是非，确定至尊，然而私学仍然是私下教学，读书人凑在一起非议当今法令和政教。政令一下，这些人就依各自学来的知识加以评论，入朝时心怀不满，出朝后则街头巷尾地议论，在君主面前虚言浮夸以博取名声，靠标新立异不同于众来表现高明，带领臣民制造诽谤言论。这样的现象不禁止，在上降低君威，在下则臣民结党，要禁止他们才行。我请求让史官将非秦朝记载的典籍都烧掉。除非为博士所主管，天下另有敢收藏《诗经》《尚书》和诸子百家[①]著作的，统统搜出，送交地方官烧毁。凡相聚时敢于谈论《诗经》《尚书》的，在闹市处死后暴尸街头；凡崇尚古代而非议今朝的，灭九族；官吏知道而不举报的，以同罪论处；命令下达三十日后仍不烧书的，在其脸上刺字涂墨后，服劳役四年，白天守卫，夜筑长城。不必烧毁的，是医药、占卜、种植之类的书籍。如有想学法令的，以官

---

① 诸子百家：先秦至汉初各个学派的总称。诸子指各派的代表人物。百家指各学派。

吏为师。”皇帝发布诏令说：“可以。”【82】

三十五年（公元前212年），开拓道路，经九原抵达云阳，挖山洞，填沟谷，使道路一直相连。这时始皇认为咸阳人太多，先王所建的宫殿太小。始皇说：“我听说周文王在丰京建都，武王在镐京建都，丰、镐之间的地方应该是帝王的京都。”于是在渭水南岸的上林苑中营造朝宫。先建前殿阿房宫，东西宽五百步，南北长五十丈，殿中可以坐万人，殿下可以树五丈高的大旗。楼间用于车马驰行的天桥，自阿房宫下直通南山。在南山的山顶上建造了牌楼。又凌空架起了复道，从阿房宫横跨渭水，直通咸阳，以此象征天上阁道星横渡浩浩天河，直抵营室星的壮景。阿房宫还没有建成，

预备建成后另选一个美丽的名字来命名。因为建在阿房，所以人们都叫它阿房宫。处以宫刑的和徒刑的七十多万人，都被分派去建造阿房宫，或去修筑骊山。挖掘北山的石料，将蜀、荆一带的木材运到这里。关中所建的宫殿共有三百座，函谷关①以东的地方有四百多座。于是在东海岸边朐（qú）山上立石碑，作为秦国的东大门。再迁三万户到丽邑安家，五万户在云阳落户，迁来的人家免除十年的徭役。【83】

卢生劝秦王说："我们去寻找灵芝、奇药和神仙，总是找不到，好像有什么东西在伤害它们。按说，君主应该经常隐蔽自己的行踪以躲避恶鬼，恶鬼避开了，得道成仙的真人就来了。君主居住的地方臣子们都知道，就妨碍了神的到来。所谓真人，进入水中不湿身，进入火中不烧伤，腾云驾雾，与天地同在。如今皇帝治理天下，未能清静和超脱。希望皇上所住的宫殿不要让人知道，这样长生不老之药大概就

① 函谷关：因关在谷中，深险如函得名。东自崤山，西至潼津，通名函谷，号称天险。

可找到了。”始皇说：“我非常羡慕真人，从此称自己为‘真人’，不再称‘朕’了。”于是下令咸阳周围二百里以内的二百七十座宫观用天桥和甬道连起来，里面设置帷幕钟鼓，迁入宫女，都记载好布置的地方，不准移动。出外巡视时，有说出行踪的，犯死罪。始皇到梁山宫，从山上看到丞相随行的车马很多，很不高兴。有近臣告诉了丞相，丞相后来减少了车马。始皇发怒说：“这一定是宫里人泄漏了我的话。”在宫里进行审问，没有人承认。当审问不出时，下令逮捕当时在场的人，把他们全部杀了。从此后再没有人知道皇帝的行踪所在，皇帝听取政事，给群臣下达命令，都在咸阳宫。

侯生、卢生一起商议说：“始皇为人，天性刚愎自用，出身诸侯，统一天下后，凡事称心如意，为所欲为，以为自古以来没人能比得上自己。专门重用司法官吏，司法官吏都得到恩宠。虽然有博士七十名，但只不过充充数罢了，从不重用。丞相和所有的大臣都只接受现成的命令，依照皇帝的意思办事。皇帝乐于用严刑和杀戮来树立威信，天下臣民或惧怕犯罪或为了保住俸禄，没有人敢赤胆忠心。皇帝听不到批评他过错的声音而日渐骄横，大臣们都因为害怕而用谎言来骗取他的欢心。秦朝法律规定，一个人不得同时兼营两种方术，从事方术不灵验者，处死刑。然而观测星象云气的多达三百人，且都是优秀的人才，因为畏惧皇帝的淫威，只好讳莫如深，阿谀奉承，不敢直说皇帝的过失。天下之事无论大小都由皇帝决定，以致每天呈送给皇帝看的文书需用秤来衡量，日夜不停地送，不达到限额就不让人休息。贪恋权势达到这种地步，不可为这样的人寻找仙药。”于是就逃跑了。始皇听到他们逃走的消息，大为生气道：“先前我没收天下不中用的书籍，统统烧掉。广泛招揽许多儒生和方术之士[①]，想使天下兴旺太平，让方士炼丹，以求得奇药。现在韩众[②]不辞而别，徐市等人耗资巨万，仍然没有找到仙药，而整天只听到对他们非法谋取私利的告发。卢生等人我对他们很是尊敬，给予了丰厚的赏赐，可他们现在竟然诽谤我，夸大我的不善。我派人对居住在咸阳一带的一些儒生作了查访，他们有的制造妖言，迷惑百姓。”于是派御史对这些人全部进行审讯，儒生们相互告发，始皇亲自将触犯禁令的四百六十多人判处死刑，全部在咸阳活埋，然后告知天下，以警戒后人，接着征发贬谪更多的人去戍边。始皇的长子扶苏进谏道：“天下刚刚平定，远方的百姓还没有归附，这些儒生们都诵读和效法孔子，如今陛下全部以严刑峻法整治他们，我担心天下会不安定。希望陛下明察。”始皇大怒，将扶苏派往北边的上郡去监督蒙恬将军。【84】

三十六年(公元前211年),天上的荧惑星[③]靠近心宿三星。有一颗流星坠落在东郡，落地后成为石头，有老百姓在这块石头上刻道“始皇帝死而土地分”。始皇听说后，派御史挨家挨户查问，百姓都不承认。于是始皇下令将居住在这块陨石附近的人全部杀死，并且用火烧掉了这块石头。始皇为此闷闷不乐，派博士作《仙真人诗》，等到他出行巡游天下时，传令乐工谱曲并演奏这首诗。这年秋天，使者从关东出发，夜间经过华阴平舒的道路，有人手持璧玉拦住使者说：“替

① 方术之士：古代指研究天文、医学、神仙术、占卜、相术等的人。
② 韩众：即前文所提韩终。
③ 荧惑星：即火星。

我把它送给滈（hào）池君[1]。”并且说：“今年祖龙将死。”使者问他为什么，那人便忽然不见踪影，留下璧玉走了。使者捧着璧玉详细地将那人所说的话禀报了皇帝。皇帝沉默了好一阵，说：“山鬼不过能预知一年的事罢了。”退朝后又说：“所谓祖龙，就是人类的祖先。”派御史察看璧玉，原来是二十八年渡过长江时沉入水中的那块。于是始皇占卜问吉凶，占得的卦辞表明皇帝巡游、百姓迁徙才会吉利。下令迁徙三万户到北河、榆中安家，授予他们爵位一级。

三十七年（公元前210年）十月癸丑日，始皇出游。左丞相李斯跟随，右丞相冯去疾留守京城。小儿子胡亥羡慕他们出游，请求随从，皇帝同意了。十一月，到达云梦，在九疑山[2]遥拜虞舜。【85】沿长江而下，游览籍柯，渡过江渚，

① 滈池君：水神名。因秦始皇自称以水德而统一天下，所以此处借指秦始皇。
② 九疑山：一作“九嶷”山，又名苍梧山。

经丹阳到达钱塘，来到浙江边。浙江水势汹涌，于是往西行一百二十多里，从江面狭窄的地方渡过。登上会稽山，祭祀大禹，眺望南海，并立碑赞颂秦朝德政。碑文说：

皇帝功德辉煌，平定天下，恩德流芳。三十七年，亲自巡视天下，遍览偏远之地。于是登上会稽，考察民间习俗，百姓都端庄恭肃。群臣颂扬皇帝功德，记载他的事迹，追溯他的高明。秦朝圣明的皇帝君临天下，开始制定刑名，将已有的规章明令公布。初步整顿法式，审定百官的职责，以确立经久不变的制度。六个诸侯国的国王专横无理，贪婪乖张，傲慢凶猛，拥兵自重，残暴肆虐，为所欲为，自恃武力强大，骄傲张狂，数次发动军队。暗地互派间谍，图谋合纵，行为卑劣。在内掩饰其狡诈阴谋，外则侵犯边境，使得战祸兴起。皇帝凭借正义与神威讨伐六国，平息暴逆，消灭乱贼。皇帝的圣德深厚，普天之下都沐浴着无穷的恩惠。他统一天下，日理万机，使得远近安宁。管理一切事务，考证并分别记载事物的名实。无论贵贱都要通报各自的情况，善恶公之于世，没有什么隐私。掩饰罪过，污染道义，有子再嫁、背弃死去的丈夫，是不贞的。严格分隔内外，禁止淫乱，保持男女的贞洁和忠诚。对与别人妻子通奸的丈夫，杀死他也无罪。男子秉遵德义，信守规矩。妻子逃家另嫁的，儿子不承认母亲。老百姓受到这样的教化，普遍廉洁清明。经过伟大的治理后，民间习俗清新如洗，普天之下承领良好风气，受益于英明德政。人们都循规蹈矩，祥和安宁，忠厚勤勉，无不听命于朝廷。百姓清廉纯洁，人人乐于守法，确保天下太平。后世谨遵法度，长久的统治将无穷无尽，不会出现车船颠覆的危险。随臣们颂扬皇帝的伟大功绩，请求刻此石碑，以光昭后世，永为典范。

归途中经过吴县，从江乘县渡江。沿海岸北上，到达琅邪。方士徐市等人到海中寻找仙药，好几年都未找到，耗资太多，唯恐受责备，于是欺骗他说："蓬莱仙药本可求得，然而常常被大鲨鱼所困扰，所以无法到达蓬莱，请求派善于射杀的人与我们同行，见到大鲨鱼就用可以连射的大弓射死它。"始皇梦见自己与海神作战，海神形状像人。皇帝找博士去占卜这个梦的吉凶，博士说："水神本身是不露面的，它总是借助鲨鱼或蛟龙的形象现身。如今陛下祈祷祭拜，谨慎又周到，然而却出现了这个恶神，应当除掉它，那样善神就可到来。"于是皇帝命令到海上去的人携带捕捉大鱼的工具，自己亲自拿着能接连发射的大弓箭，只等大鱼一出现便杀死它。从琅邪山一直航行到荣成山，都不见大鱼出现。到之罘后，见到巨大的鱼，用弓箭射杀了一条。然后沿着大海往西行。

到平原津时，皇帝便病倒了。他讨厌说死，群臣都不敢提有关死亡的事。皇帝病越来越重，于是给公子扶苏写了一封盖有御玺的诏书，说：“回咸阳参与办理我的丧事，再把我埋葬。”信已密封，放在中车府令①赵高管理玉玺和圣旨颁发等事务的处所，没有交给使者。七月丙寅日，始皇死于沙丘平台。丞相李斯考虑到皇帝死于外地，恐怕各位公子和天下百姓发生变乱，于是将此事秘而不宣，暂不发丧。将棺材放在辒（wēn）凉车②中，让始皇生前所宠幸的宦官坐在车上，每到一地，照常呈上餐食。随行文武官员仍像往常一样上奏国事，宦官在辒凉车中批准奏折。只有胡亥、赵高以及始皇所宠幸的五六名宦官知道皇帝已死。赵高过去曾经教胡亥书法和讼狱方面的法律条例等知识，胡亥私下里很喜欢他。赵高于是与公子胡亥、丞相李斯密谋拆开始皇赐给公子扶苏的密信，而另外谎称丞相李斯在沙丘接受了始皇临死时的遗诏，立公子胡亥为太子。又伪造了一封始皇给公子扶苏和蒙恬将军的诏书，列数他们的罪过，赐他们自杀。这些都详细记载在《李斯列传》中。胡亥等人继续前行，从井陉抵达九原。正赶上天气炎热，皇帝的辒凉车发出臭味，于是命令随从官员用车装载一担咸鱼，使人分辨不出尸臭。选择距离最近的路回到咸阳，向全国宣告了皇帝已死的消息。太子胡亥继承了皇位，称二世皇帝。

---

① 中车府令：掌管皇帝车辆的官。

② 辒凉车：一种关门就温、开门就凉的卧车。后成为丧车的专名。

九月，将始皇埋葬在郦山。始皇刚登位时，打通并修筑郦山，等到天下统一，各地送了七十余万名刑徒来这里服劳役，往地底挖三重泉，然后浇注铜水，将泉堵塞后放下外棺，又把仿制的宫观、百官和各种稀奇珍贵的宝物都搬来装满了墓坑，命令匠人制作能自动发射的弓箭，一旦有人走进墓室就射死他。用水银做成百川江河大海，用机器使它们互相灌输，墓室的上壁有天文图案，地下有地理布置。以人鱼油制作蜡烛，估计能长明不熄。二世皇帝说："先帝的妃嫔和宫女中没有儿子的，放出宫去不适宜。"下令她们全部殉葬，为此死去的人很多。始皇被埋葬后，有人说工匠制作了墓中的机关，奴仆都知道这些装置，这么多知情的奴仆一定会泄露机密。丧葬大事已完成，随葬的宝物已经藏好，于是关闭了里面的墓道，封闭了墓外的隧道门，将所有的工匠和奴仆全关闭在里面，没有人能再出来。然后在陵墓上种植草木，让这里看上去像是一座山。

二世皇帝元年（公元前 210 年），胡亥二十一岁。赵高做了郎中令，皇帝任用他掌管实事。秦二世下令，增加始皇陵庙中祭祀时的祭品以及山川等一切祭祀的礼仪。又命令群臣商议始皇庙的尊号。群臣都叩头说道："古时天子七庙，诸侯五庙，大夫三庙，虽经历万世也不会随意废除。如今为始皇修造的庙是最为尊贵的庙，四海之内都敬献贡赋，增加祭品，所有的礼数都已经很完备了，到了无以复加的地步。先帝的祠庙有的在雍县，有的在咸阳。按照礼仪天子应当独自捧酒祭祀始皇庙。自襄公[1]以来所建的祠庙渐渐毁损。现

---

① 襄公：（？—公元前 766 年）：春秋时秦国的创立者。公元前 777 年至公元前 766 年在位。西周灭亡时，曾护送周平王东迁，被封为诸侯，赐给岐。

在所设置的庙共有七座。群臣按礼仪前去祭拜。建议尊称始皇庙为秦朝皇帝的祖庙。皇帝还是自称为‘朕’。”

二世与赵高商量说：“我年纪轻，刚刚即位，百姓还没有完全归附。先帝在各郡县巡游，用以表示中央权力的强大，威震海内。现在我静静地待在京城而不出巡，就表现得软弱，没有统治国家的权威。”春天，二世巡视东土的郡县，李斯随从。【86】到碣石后，沿着东海往南，到达会稽，在始皇从前所立的所有石碑上都刻上了新字，石旁刻写了大臣以及随行者的姓名，以彰明先帝的功德：

皇帝说：“所有的石碑都是始皇在世时所刻的。如今皇位沿袭下来，而碑文中没有称始皇帝，年代久远以后，人们会以为是后代们的建树，这样就不能显示始皇的丰功伟绩。”丞相李斯、大臣冯去疾、御史大夫德冒死上奏说："我们几个臣子冒死请求将诏书详细刻在石碑上，这样就可让天下明白了。"皇帝下令说："可以。"

接着到达辽东准备返回。

这时二世便采用赵高的建议，申明法令。二世私下与赵高商量说："大臣不服从统治，官吏也还是强硬，至于那些公子必定会与我争斗，怎么办呢？"赵高说："臣本来想说而不敢说。先帝的大臣，都是天下接连好几代的贵人，积累的功劳世代相传已经很久了。如今臣赵高素来人微位卑，有幸承蒙陛下抬举我，令我身居要职，掌管宫中大事。大臣们很不满意，只在表面上服从我，心里其实不服。现在陛下您出巡在外，何不借此时机将郡县守尉中有犯罪行为的人都杀掉，上以震慑天下，下以除去陛下平生所不喜欢的人。这个时候不应效法文治，而要取决于武力，希望陛下立即抓住时机，不要犹豫，要赶在群臣来不及谋反前下手。圣明的君主招揽提拔社会底层的人，使卑贱的人变得尊贵，贫穷的变得富有，疏远的人变得亲近，这样就能上下凝聚，国家也就安定了。"二世说："好。"于是立即杀大臣和公子们，并因他们的罪过而牵连近侍小臣和三郎[①]，这些人无一能够幸免，六位公子在杜县被杀。公子将闾兄弟三人被囚禁在内宫，最后单独审议他们的罪过。二世派使者命令将闾说："你身为公子却不尽臣道，罪该一死，官吏就要执行刑罚了。"将闾说："宫廷的礼节，我从不敢不顺从司仪；谨守朝廷的位次，

① 三郎：秦朝官名，指中郎、外郎、散郎。

我从不敢违背礼节；领受君命，言语答对，我也从不敢失言。什么叫不尽臣道？希望明白自己的罪过再死。”使者说：“我没有资格参与谋划，只不过是奉诏书行事。”将闾于是仰天大叫了三声，说：“天啊！我没有罪！”兄弟三人都痛哭流涕，拔剑自杀。整个皇室都感到震慑恐慌。群臣凡有劝谏的，都认为是诽谤，大臣们为了保持俸禄，只得取悦于皇帝，老百姓无不震惊恐惧。

四月，二世回到咸阳，说：“先帝认为咸阳的宫廷小，所以才建造阿房宫。还没建成，正赶上先帝逝世，便停止了施工，开始在郦山填土修墓。郦山墓已建成，现在放下阿房宫不继续建好，就是在表明先帝办事不当。”于是恢复了阿房宫的建筑工程。对外安抚四方外族，正像始皇所计划的那样。在他们中普遍征召了五万名身强力壮的士兵来守卫咸阳，命令他们教习射箭和饲养狗马与禽兽。供养的人畜太多，估计粮草不够，就向郡县征调，命令转运粮草的人员自带粮食，咸阳三百里以内，不得食用这批谷物。执法更加苛刻和严峻了。

七月，戍边的陈胜[①]等人在荆地造反，号称“张楚”。陈胜自立为楚王，驻扎在陈县，派遣各位将领去夺取地盘。山东各郡县的年轻人受秦朝官吏的压迫，都杀掉了他们的郡守、郡尉、县令、县丞以响应陈胜，他们相互拥立为诸侯王，联合起来向西进军，打着讨伐秦国的旗号，队伍多得不可胜数。谒者出使东方归来，把反叛的事上奏二世。二世发怒，将这名官吏关进监狱。另外的使者回来后，皇帝询问叛乱的

① 陈胜（？—公元前208年）：字涉，秦末农民起义领袖。事迹详见《陈涉世家》。

情况，使者回答说：“这不过是一群强盗，郡县的官吏们正在逮捕他们，现在已全部抓获，不足为忧。”皇帝大为高兴。其时武臣已自立为赵王，魏咎当了魏王，田儋自立为齐王[①]。沛公已在沛县起兵。项梁[②]也在会稽郡起兵。

二年（公元前 209 年）冬天，陈胜派遣的周章[③]等将领向西进军到达戏水，军队已拥有数十万人。二世大为惊讶，与群臣商议说:“怎么办？”少府章邯[④]说:“强盗已经到了京城，人数众多，现在让邻近各县发兵已来不及了。郦山服劳役的刑徒很多，请陛下赦免他们，发给他们武器，让他们抗击敌人。”二世于是大赦所有的刑徒，派章邯为将领，将周章的军队打得大败而逃，周章被杀死在曹阳亭。二世又派长史司马欣、董翳辅佐章邯前去抗击敌人，在城父邑杀死了陈胜，在定陶大败项梁军，将魏咎的军队消灭在临济县。楚地反叛的名将都已死了，章邯于是北上渡过黄河，去巨鹿攻打赵王歇等人。

赵高劝二世说：“先帝统治天下的时间长，所以群臣不敢胡作非为，进献谗言。如今陛下您风华正茂，刚刚即位，为什么要与官员们在朝廷决断事项呢？办事如果失误，就让群臣看到了陛下的短处了。天子自称朕，本来就不应听别人

---

① 武臣、魏咎、田儋：武臣、魏咎均为陈胜的部将。田儋于秦朝末年重建齐国，后为秦将章邯所杀。

② 项梁（？—公元前 208 年）：楚将项燕之子。秦二世元年，与项羽一道起兵反秦，后任楚上柱国。

③ 周章（？—公元前 209 年）：也叫周文。陈县人。为陈胜起义军将领。后被秦将章邯战败自杀。

④ 章邯（？—公元前 205 年）：秦朝将领。曾率兵镇压陈胜、项梁领导的起义军，被项羽打败后投降，封为雍王。楚汉战争中兵败自杀。

的话。”于是二世经常住在深宫里，只与赵高决议各项事务。从此后朝中官吏很少见到皇帝，盗贼越来越多，而关中[①]的兵力仍然需要不断发往东边去打击盗贼。右丞相冯去疾、左丞相李斯、将军冯劫进谏说：“关东群盗并起，朝廷发兵讨伐，盗贼杀死了很多，但还是不能斩尽杀绝。盗贼之所以多，都是因为各种兵役和劳役太苦，赋税太繁重啊。臣请求暂时停止修筑阿房宫，减少各地的兵役和运输徭役。”二世说：“我听说韩非子说过：‘尧、舜时候，用采来的木做椽子，不加切削雕琢，用茅草盖屋也不加剪修，用土碗吃饭，用土罐喝水，即使是守门人的供养，也不会比这更简陋。大禹凿通龙门，疏通了大夏，开挖黄河河道，将泛滥的河水引入大海，他亲自手拿铲土的杵和锹，整天泥里水里，连小腿上的毛都磨光了，即使是奴隶也不会比这更辛苦了。’人们总是以统治天下者为贵，就是因为统治者可以为所欲为。君主重在修明法度，臣民就不敢胡作非为，以此便可以治理天下了。那虞舜、夏禹的帝王贵为天子，却同样生活在穷困的境况中，这样为百姓作出牺牲，还谈什么法度呢？我贵为皇帝，号称拥有万乘之车，实际上名实不符，我想造千乘圣驾，组建万辆兵车的军队，来充实我的名号。况且先帝自诸侯发家，统一了天下，天下既已安定，对外赶走了四方的夷族，使边境得以安宁，建造宫室以彰扬志得意满的心情，你们亲眼看到了先帝的丰功伟绩。如今我即位的两年之内，群盗并起，你们无法禁止他们，又想放弃先帝所从事的事业，这样的话，你们首先无

① 关中：古地区名，为函谷关以西的秦国土地，以东称为关东。

以报答先帝，其次是不为我尽忠效力，凭什么身居高位？”将冯去疾、李斯、冯劫投入监狱，立案审查他们的罪过。冯去疾、冯劫说：“将相不能受侮辱。”于是自杀了。李斯一直被囚禁，并遭受了五刑。

三年（公元前208年），章邯等率领手下军队包围了巨鹿，楚国上将军项羽率领部下前往巨鹿救援。冬天，赵高当了丞相，终于判决了李斯一案，把他杀了。【87】夏天，章邯等人几次战败退却，二世派人前去责备章邯，章邯害怕，派长史司马欣去京城请求指示。赵高不予接见，又不相信。司马欣很恐惧地逃走了，赵高派人去追捕但没有赶上他。司马欣见到章邯后说：“赵高在宫廷里主事，将军您有功会被杀，无功也会被杀。”项羽加紧进攻秦军，俘虏了王离，章邯等人于是率兵投降了诸侯。八月己亥日，赵高想发动政变，怕群臣不顺从，于是先设法考验群臣。他拿着鹿献给二世，说：“这是马。”二世笑着说：“丞相搞错了吧？将鹿说成马。”【88】问身边的群臣，大臣们有的沉默，有的说是马，以此

迎合赵高。有的却说是鹿，赵高便暗中陷害各位说是鹿的人，借法律制裁他们。此后群臣都畏惧赵高。

赵高以前几次说：“关东盗贼成不了气候。”等到项羽在巨鹿城下俘虏秦将王离并乘胜前进，而章邯等率领的秦军却几次战败而退，上书请求更多的援助时，燕、赵、齐、楚、韩、魏都已自立君王，自函谷关以东，几乎全都背叛秦朝官吏而响应诸侯，诸侯都率领自己的军队向西进军。沛公带领数万人已经攻下了武关，派人私下与赵高联系，赵高害怕二世发怒，会杀掉自己，于是称病不上朝见皇帝。二世梦见一头白虎咬他车驾上的左骖马，他杀死了这头虎，醒来后心中不快，感到奇怪，去占卜梦的意思。卦辞中说：“是泾水的水神在作怪。”二世于是在望夷宫斋戒，准备祭祀泾水神，将四匹白马沉入水底。皇帝派使者就盗贼的事责备赵高。赵高畏惧，于是暗中与他的女婿咸阳令阎乐和弟弟赵成谋划说：“皇帝不听劝谏，现在事情危急，他想将祸根栽到我们家族头上。我想要更换皇帝，另立公子婴为皇。子婴仁慈谦卑，百姓都信任他。”派郎中令作为内应，谎称有大批的强盗要来进攻，命阎乐召集官吏发兵抗击，接着劫持了阎乐的母亲，安置在赵高的家中。又派阎乐带领官兵一千多人到望夷宫的正殿门前，将卫令仆射捆绑起来，说：“盗贼进入这里，为何不阻止？”卫令说：“周围的墙垣内设防严谨，有士兵把守，怎么会有盗贼敢进入宫内？”阎乐于是将卫令斩首，率领官兵直入宫内，边走边射箭，所有的郎官、宦官都大惊失色，有的逃跑，有的起来格斗，格斗的便被杀死，死了几十个。郎中令与阎乐一起进入内宫，用箭射皇帝的帷幄。二世非常生气，召集左右近臣，臣子们都惊慌恐惧，不敢上前抵抗。旁边有一名宦官，侍候在二世身边，不敢离宫。二世走进内室，对他说：“你为什么不早告诉我？现在竟到了这个地步！”宦官说：“我不敢说，所以才得以保全性命。如果我早说了，那就已经被杀掉了，怎么能活到今天？”阎乐走上前来谴责二世说：“您骄横恣肆，滥杀无辜，暴虐成性，现在天下的人都背叛了您，您自己考虑怎么办吧。”二世说：“我可以见见丞相吗？”阎乐说：“不行。”二世说：“我愿当一个郡的郡王。”阎乐说也不行。二世又说：“我愿做个万户侯。”阎乐还是不允许。最后二世说：“我愿意与妻子儿女们当老百姓，待遇和诸位公子一样。”阎乐说：“我接受丞相的命令，来替天下的人杀掉您，您虽然说了这么多，我也不敢替您回报。”说罢指挥其官兵进入内宫。二世自杀。

阎乐回来将二世自杀的消息报告赵高，赵高于是召集全体大臣和公子，告诉他们诛杀二世的情况。赵高说：“秦国从前本来只是个王国，始皇君临天下，所以称了帝。现在已兼并了的六国又各自独立，秦国的疆土越来越小，竟徒有帝国的虚名，这是不行的。还是应该如过去一样称王才行。”于是拥立二世的哥哥之子公子婴当秦王。按普通百姓的礼仪将二世埋葬在杜南宜春苑[1]中。命令子婴斋戒，其后要到宗庙祭拜祖先，会见群臣，接受皇帝玉玺。斋戒五天后，子婴与他的两个儿子商议说：“丞相赵高在望夷宫杀死了二世，唯恐群臣杀掉他自己，才假装主持正义，立我为王。我听说赵高竟然与楚军约定，要消灭秦国皇室而在关中称王。现在要我斋戒，然后祭拜宗庙，这是准备在宗庙中杀死我。我如果声称有病不去宗庙，丞相必定会亲自来看望，他一来便杀死他。”赵高派了几批人来请子婴，子婴不去，赵高果然亲自来，说：“祭拜祖庙是件大事，君王为什么不去？”子婴于是在斋宫杀死赵高，诛灭了赵高家三族。并在咸阳示众。

子婴只当了四十六天秦王，楚军将领沛公便打败秦军，进入武关，不久到了霸上[2]，派人要子婴投降。子婴脖子上系着丝织绶带，坐着白马白车，捧着国王的玉玺和符节，在轵道亭[3]旁投降了。【89】沛公于是进入咸阳，封闭了宫室府库，将军队退驻到霸上。一个多月后，各路诸侯军队到了。项羽是诸侯联合集团的首领，他杀了子婴以及秦国诸公子的宗室，接着在咸阳大肆屠杀，烧毁这里的宫室，俘虏孩子和妇女，收缴珍宝财物，由各路诸侯共同瓜分。灭掉秦国后，将其土地一分为三，分别归属雍王，塞王、翟王[4]，号称三秦。

① 宜春苑：宜春宫为秦朝离宫之一，宫东为宜春苑。

② 霸上：地区名。亦称灞上、霸头，为古代军事重地。

③ 轵道亭：为长安城东第一亭。

④ 雍王：即投降项羽的秦国将领章邯。塞王：即司马欣。翟王：即董翳。

项羽做了西楚霸王，由他做主，下令划分地盘，赐封诸侯王，秦国彻底灭亡了。此后过了五年，天下由汉朝统一了。

太史公说：秦的祖先伯翳①，曾经在虞舜时代建立过功勋，被授予了土地，赐予了姓氏。到夏代、商代时，已经没落分散。到了周朝末年，秦又兴起，在西部边境地区建立都邑。自秦穆公以来，渐渐吞并周围诸侯，终于由始皇实现了统一。始皇自以为功劳盖过五帝，疆土超过三王，耻于与五帝三王相提并论。贾谊②的推论是何等精妙啊！他说：

秦朝兼并崤山以东诸侯的三十多个郡，修建渡口关隘，占据险峻要塞，整修武器，训练军队，把守这些地方。然而陈胜率领只不过几百人的散乱戍卒，振臂高呼，不

① 伯翳：又作伯益、柏翳，原名大费。

② 贾谊（公元前200年—公元前168年）：西汉政论家、散文家，洛阳人，事迹详见《屈原贾生列传》。本卷下文引自贾谊《新书·过秦论》。

用弓和戟等兵器，而只凭锄耙和木棍，靠所到之处的临时给养，居然纵横天下。秦兵险阻要塞来不及防守，关口桥梁没有能封住，长戟不曾挥刺，强弩也来不及发射。楚军深入秦国境内，进攻鸿门，竟没有遇到任何阻挡。于是山东大乱，诸侯并起，豪杰竞相自立为王。秦国派章邯率军东征，章邯便自恃兵力强盛，在外要挟朝廷，算计他的君王。群臣的不可信任，由此可见一斑。子婴即位后，还是没有醒悟。如果子婴只有平庸君主的才能，又仅仅只有具备中等才能的大臣辅佐，山东虽然混乱，秦国的土地还是可以保全，宗庙祭祀也还不会断绝啊。

秦国土地山环水绕，天然形成坚固的防御，是一个四周都有要塞可供把守的国家。自穆公一直到秦始皇，经历了二十多个君主，大多在各诸侯国中称雄。难道是代代君主都贤明吗？是因为秦国所处的地理位置才使得它屡战不败的啊。况且天下诸侯曾经同心协力进攻过秦国。那时候，贤明智慧的人都聚集起来了。良将统率各国的军队，贤相沟通各国的谋略，但却被秦国周围的险阻所困，不能进入秦境，秦国于是将各国军队诱入其境内，主动打开关塞，结果联合起来的百万军队竟溃败逃亡。这难道是勇气和智慧不足吗？是因为地形于他们不利，地势于他们不便啊。秦国以小邑兼并大城，在险要关塞驻军把守，堡垒高筑而不出战，封锁关隘，占据要塞，士兵手持战戟，严密防守。诸侯都是由匹夫发家的，因为私利才联合在一起，不具备德高望重的品行。他们的交往并不是亲密无间，他们的臣民并没有完全归附，他们嘴上喊着灭亡秦国，其实都在追逐私利。见秦国险阻环护，难于进攻，他们必定退兵。然后保卫本土的安宁，让百姓休养生息，等待秦国的衰微没落，以为只要时机一到，收容弱小者，扶助疲乏者，以命令大国的君王，这样就不怕不能在海内称心如意了。子婴贵为天子，而本身却被他人活捉，那是因为他们挽救危局的策略不对呵。

秦始皇骄傲自大，不肯向他人请教，因循过错，不加改正。二世全盘继承始皇的治理之术，依旧不改其错，残暴虐杀，以致加重了灾祸。子婴势孤力单而没有亲信，身处危弱之境而没有援助。三代君主都糊涂了一辈子，至死都未能觉悟，这样说来，国家灭亡，不也是应该的吗？在那个时候，世上并不是没有深谋远虑、明理通达之士，然而之所以不敢尽忠报国，抵制错误，是因为秦国的习俗中多有禁忌，忠言还没有能全部说完，人就已经被杀掉了。所以导致天下有识之士总是侧耳倾听，稳稳站立，闭口不语。正因为这样，三代君王都背离常理，忠臣不敢劝谏，智者不敢献计，天下已经大乱，而君王却不知道实情，岂不悲哀啊！先王知道与世隔绝会损害国家，所以设置公、卿、士、大夫，让他们修订法典完备刑律，从而天下太平。国力强盛时，禁暴诛乱，天下顺从。国力衰弱时，五霸代君征讨，诸侯无不顺从。即使一时有所削弱，也是内有自卫外有归附，因而国家能得以保全。所以秦国强盛时，繁法严刑使天下为之震惊；到国力衰弱时，就导致百姓怨忿，天下叛乱。周朝公、侯、伯、子、男等级分明，各得其所，因而延续千年而不断绝。

秦朝对治国的本末都把握不住，所以国运不能长久。由此看来，安定与危难的基础实在是大大的不同。俗话说："前事不忘，后事之师也。"所以君子治理国家，参照远古的历史，验证当世的举措，同时结合人情事理，来考察盛衰的原因，研究策略和形势是否适宜，取舍有序，变化适时，这样才能保证统治长久、国家安定。

秦孝公占据崤山和函谷关的坚固要塞，拥有雍州一带土地，君臣牢固地防守本土，同时又觊觎周朝政权，有席卷天下、一统海内、囊括四海的意图，也有吞并八方的雄心。这个时候，商鞅辅佐秦孝公，在国内建立法度，致力于耕种纺织，整修军备，对外采取连横的策略，使六国间相互钩心斗角，再将它们各个击破。秦国人从而只以举手之劳便取得了西河以外的土地。

孝公死后，惠王、武王、昭王继承前辈事业，按照先王的策划，向南兼并汉中，向西进攻巴蜀，往东掠夺丰腴肥沃的土地，抢占位于要害之地的郡县。诸侯惊恐不已，联合起来商量削弱秦国，顾不得吝惜珍奇宝物和肥美的土地，用以召集天下有识之士，决定联合起来，缔结盟约，相互援助结为一体。在这个时候，齐国有孟尝君，赵国有平原君，楚国有春申君，魏国有信陵君。这四个人都聪明睿智，忠诚可靠，为人宽厚仁爱，尊重贤良，敬重士人，他们采用合纵联横的策略，离散秦国，将韩、魏、燕、楚、齐、赵、宋、卫、中山九国的兵力集合起来。这个时候六国有宁越、徐尚、苏秦、杜赫这样一班谋士献计献策，有齐明、周冣、陈轸、昭滑、楼缓、翟景、苏厉、乐毅之类的人在各国之间互通声气，也有吴起、孙膑、带佗、兒（ní）良、王廖、田忌、廉颇、赵奢等人统率军队。联合起来的国家曾经凭借十倍于秦国的土地和百万大军，轰开秦国的关隘进入秦国。秦兵打开关口，引敌深入，九国的军队竟然犹豫徘徊，慌忙逃跑，不敢进入秦国。这样，秦国没有一支箭和箭头的损失，便使得天下的诸侯们困乏不堪了。于是联合解体，合约也解除了，各国争相割让土地给秦国。秦国有足够的余力在各诸侯国弊病重重时将它们制服，乘胜追击已被打败的军队，消灭了百万之众，满地的流血可以漂浮起盾牌。秦国趁着对自己便利的时机，宰割天下，分裂山河，强国请求臣服，弱国前来朝贡。一直到孝文王、庄襄王，统治的时间很短，国家平安无事。

到秦始皇时期，继承六代先王①的英雄业绩，挥舞长鞭驾驭天下，吞并二周，消灭各诸侯国，登上至尊的帝位而控制全国，以严刑峻法驯服天下百姓，威名震惊四海。向南扩展到了百越②一带，在此设置桂林、象郡，百越的君长俯首称臣，死心塌地地服从秦朝官吏。秦王于是派蒙恬在北方修筑长城，守卫边境，将匈奴往北驱逐了七百余里，使胡人不敢南下牧马，胡兵不敢拉上弓箭报怨。于是秦王废弃先王的道义，焚烧诸子百家的书籍，以愚弄百姓。下令毁坏名城，杀戮豪杰，收缴天下的兵

① 六代先王：指秦孝公、惠文王、武王、昭襄王、孝文王、庄襄王。

② 百越：亦作“百粤”。古代居住在我国东南地区的越族，各部各有名称，但统称百越。

器，汇聚到咸阳后将它们销熔，铸成钟鐻和十二个铜人，以此削弱百姓的武力。然后开辟华山，建造城池，沿黄河修建渡口，据守在亿丈高的城堡中，面临着深不可测的山谷，以此作为固守之地。派优良的将领、用精良的弓弩把守在要害之处，用忠信的大臣和精壮的士兵，准备好坚锐的武器，严厉盘问来往的行人，天下便安定了。秦王自以为关中坚固得如同千里铜墙，这就是子孙后代万世永做帝王的基业了。

秦王死后，他的余威仍震动着边远之地。陈胜，出身贫寒之家，是一个从事耕种的奴隶、被征发去戍边的士卒，他的才能不及中等人，既没有孔子、墨子的贤达，也没有陶朱[①]、猗顿[②]的富有，作为行伍中的普通一员，却崛起在戍卒中，率领疲惫涣散的士兵，指挥数百个人的队伍，转而攻打秦军。他们砍削木棍作为武器，举起竹竿作为战旗，天下百姓云集响应，担着粮食像影子一样追随他们。于是山东的豪杰同时崛起，从而消灭了秦朝皇族。

可以说当时秦国的国力并没有减小和削弱，雍州一带地方、崤山和函谷关都一如既往的坚固。陈胜的地位，不及齐、楚、燕、赵、韩、魏、宋、卫、中山九国国君的尊贵；锄把木棍，与钩戟长矛的锋利也不可同日而语；

---

① 陶朱：即范蠡，春秋时越国大夫，他帮助越王勾践复仇夫差后，隐居于陶地，自称陶朱公。因他善于经营，故后人常以“陶朱”为富人的代称。

② 猗顿：一说是春秋鲁国人，一说是战国时大商人。向陶朱公范蠡学习经营方法，成为大牧主。

被征发戍边的士卒，不能与九国的军队比高强，论深谋远虑和行军用兵之道，丝毫也比不上从前各诸侯国的谋士，然而成败却迥然不同，成就的功业也完全相反。如果拿山东的诸侯国与陈涉相比校，较量彼此的权势和力量，那么二者不可同日而语啊。秦国凭借小小的地盘和只有千乘兵车的国力，招揽八州的诸侯，使与秦国地位相等的国家都来朝贡，已称雄一百多年了。然后统一天下，在崤山和函谷关建造宫殿，然而一个普通人起兵发难便毁灭了天子的七座宗庙，国君被人杀死，为天下人所耻笑，这是为什么？是因为不施仁义，而且夺取天下和保守江山的情势不同啊！

秦朝统一天下，兼并诸侯，始皇登位称帝，供养四海，天下有识之士都斐然闻风向往，为什么会这样呢？是因为近古以来很久没有帝王了。周朝王室卑微弱小，五霸死去以后，天子的命令不能通行全国，导致诸侯们依仗武力征讨，国力强盛的侵犯国力衰弱的，人多势众的欺凌势单力薄的，战争无休无止，士卒和百姓疲敝不堪。如今秦始皇临位统治天下，这是上面有了天子啊。所有的老百姓都希望能安身立命，他们无不真心实意地仰赖君王，在这个时候，就应该保持威权、奠定功业，安危的根本也就在这里了。

秦王怀着贪婪卑鄙的心思，我行我素，一意孤行，不信任功臣，不亲近士民，废弃君王的道义，树立个人的权威，禁止诗书典籍，实行苛刑峻法，凡事先奉行欺诈和暴力，把仁义道德置之脑后，视暴虐为治理天下的第一手段。按说兼并天下时崇尚欺诈和武力，保持天下安定则贵在审时度势，这就是说打天下和守江山的方法不同。秦国经历了诸侯混战不休的战国时期而称霸天下后，其治国之道不变，统治策略不改，也就是说它打天下与守江山的方法没有区别。皇帝孤身一人拥有天下而不与他人分享，所以他便迅速招致灭亡。如果秦王能总结一下上古的故事，重温一下殷周的历史，从中获得启发，用以指导制定政令，那么后世虽然有骄奢淫逸的君主，国家也不会有倾覆危亡的祸患了。所以三王建立国家，名号显著完美，功德业绩千古流芳。

秦二世即位后，天下百姓无不殷切期盼他有新的治国方略。寒冷的人穿上粗布衣裳便感到温暖，饥饿的人吃糟糠也都觉得甘甜，天下哀鸣不已，是新王执政最好的起点。因为对劳苦百姓稍施恩惠就会被视为大仁大义。假使秦二世虽只有平庸君主的德行，而任用忠诚贤良的人，君臣共同心忧天下，不等服丧期满就开始改正先帝的过错，划分土地和居民，分封给功臣的后代，为他们建国立君，以礼贤天下；释放所有的囚犯，免除刑罚和杀戮，废除连坐亲属等杂乱的罪名，使罪犯各自返回故乡；打开仓库，散发钱财，赈济孤苦穷困的人，减轻赋税，减少徭役，以帮助百姓解决困急；简化法律，减轻刑罚，给罪犯留下退路，让天下的人都有悔过自新的机会，更新操守，修炼品行，各自谨慎地完善自我，这样来满足百姓的愿望，并且以威严的德政治理天下，天下自然归附了。四海之内

都欢欢喜喜地安居乐业，百姓唯恐再有变乱，即使有刁民存在，也没有背离国君的意图，那么心怀不轨的臣子便无法掩饰他的诡计，暴乱的奸谋也就无法得逞了。【90】二世不采用这样的治国方法，而更加昏庸无道，残害宗庙与百姓，重新建造阿房宫，使法律更加繁杂，刑罚更加严酷，吏治苛刻严格，赏罚不当，税赋的征收没有限度，天下不断起事，官吏们无法约束，老百姓困苦贫穷而国君却不收容抚恤。这样导致奸诈之徒群起，而上下互相包瞒，无辜蒙罪的人很多，道路上到处可见被刑杀的人，天下百姓困苦已极。上至君卿下至百姓人人感到自危，身处走投无路的苦闷境地，都为自己的处境感到不安，所以很容易发生动乱。这就是为什么陈胜不必具备商汤王、周武王的贤智，也不必借助于公侯的尊贵地位，在大泽乡振臂一呼，天下百姓就前来响应的原因，因为百姓处境危难啊。因此上古的帝王明察事物从开始到结束的变化，明白生存与灭亡的机理，所以统治人民的方法，务必要使他们安定。只要天下安定，那么即使有叛逆的臣民，也一定没有人响应和援助他。所以说安定的百姓可以一起共行仁义，而危难中的百姓容易联合起来为非作歹，指的就是这个道理。贵为天子而拥有天下的一切，却不免为人所杀，是因为他挽救危亡局势的方法错了。这就是二世的过错呵。

（《秦记》中记载的各位君王在位年数和葬地情况如下）

襄公即位，在位十二年。开始在西畤建筑祭祀天地五帝的庙宇。死后葬于西垂。生了文公。

文公继位，住在西垂宫。在位五十年后死去，葬于西垂。生了静公。静公没有当国君便死去。生了宪公[①]。

宪公在位十二年，住在西新邑。死后葬于衙地。生了武公、德公、出子。

出子在位六年，住在西陵。庶长弗忌、威累、参父三人，率领叛逆者在鄙衍害死了出子，葬于衙地。武公继位。

武公在位二十年，住在平阳封宫，葬于宣阳聚的东南。弗忌等三位庶长因所犯罪行被杀。德公继位。

① 宪公：即宁公。

德公在位两年。住在雍地的大郑宫，生了宣公、成公、缪公，葬于阳地。初次规定伏日，杀狗祭祀以避热毒邪气。

宣公在位十二年，住在阳宫，葬于阳地。首次记载闰月。

成公在位四年，住在雍地的宫殿里，葬于阳地。齐国攻打山戎①、孤竹国。

穆公在位三十九年，周天子称他为霸主，葬于雍地。穆公曾经向看门人学习。生了康公。

康公在位十二年，住在雍地的高寝，葬于竘（qǔ）社。生了共公。

共公在位五年，仍然住在雍地的高寝，葬于康公南面。生了桓公。

桓公在位二十七年，住在雍地的太寝，葬于义里丘北边。生了景公。

景公在位四十年，住在雍地高寝，葬于义里丘南面。生了毕公②。

毕公在位三十六年，葬于车里北边。生了夷公。

夷公没有即位便死了，葬于左宫。生了惠公。

惠公在位十年，葬于车里。生了悼公。

悼公在位十五年，葬于僖公西面，在雍地修建城池。生了厉共公。

厉共公在位三十四年，葬于入里，生有躁公、怀公。在位第十年，出现彗星。

躁公在位十四年，住在受寝，葬于悼公南面。在位第一年，

① 山戎：我国古代北方的游牧部族，战国后称为匈奴。

② 毕公：《秦本纪》中为“哀公”。

出现彗星。

怀公从晋国回来当国君，在位四年，葬于栎圉氏。生了灵公。诸位大臣围攻怀公，怀公是自杀身亡的。

肃灵公是昭子的儿子，继位后住在泾阳。在位十年。葬于悼公的西面。生了简公。

简公从晋国回来，在位十五年，葬于僖公西面，生了惠公。在位第七年，开始准许百官佩戴刀剑。

惠公在位十三年，葬于陵圉。生了出公。

出公在位二年，自杀而死，葬于雍地。

献公在位二十三年，葬于嚣圉[①]。生了孝公。

孝公在位二十四年，葬于弟圉[②]。生了惠文王。在位第十三年，开始建都咸阳。

惠文王在位二十七年，葬于公陵。生了悼武王。

悼武王在位四年，葬于永陵。

昭襄王在位五十六年，葬于芷阳。生了孝文王。

孝文王在位一年，葬于寿陵。生了庄襄王。

庄襄王在位三年，葬于芷阳。生了始皇帝。吕不韦为丞相。

献公在位的第七年，开始设置集市。第十年，建立户籍制度，每五户为一伍。

孝公在位的第十六年，桃李在冬天开花。

惠文王十九岁继位，在位第二年，开始发行钱币。有新生婴儿说："秦国将要称王。"

悼武王十九岁继位，在位第三年，渭水红了三天。

---

① 嚣圉：地点不详。《秦本纪》载献公二年"城栎阳"，迁都于此，疑嚣圉在栎阳。

② 弟圉：地点不详。秦孝公迁都咸阳。疑弟圉在咸阳。

昭襄王也是十九岁继位，在位第四年，开始在田地里开辟田间小道。

孝文王五十三岁继位。

庄襄王三十二岁继位。在位第二年，夺取太原一带土地。庄襄王元年，实行大赦，表彰先王的功臣，以仁德厚待至亲骨肉，对百姓广施恩惠。东周与诸侯谋划攻占秦国，秦王派丞相吕不韦前去讨伐，占领了整个周朝王室。但秦国没有断绝东周的祭祀，将阳人聚一带地方赐给东周的国君，以让他继续祭祀祖先。

始皇在位三十七年，葬于郦邑。生了二世皇帝。始皇是十三岁时继位的。

二世皇帝在位三年，葬于宜春苑。二世在位时赵高为丞相，封为安武侯。二世二十岁时继位。

以上从秦襄公到秦二世，总共经历了六百一十年。

东汉孝明皇帝①十七年十月十五日乙丑，班固②这样写道：

周朝的历数已经过了，汉朝为火德，由周朝的木德而生，因为子不能代母为王，所以不能直接以汉朝的仁德取代周朝③。秦朝正好遇上了这个空当。始皇凶残暴虐，

① 孝明皇帝：即汉后明帝，公元58年—75年在位。

② 班固（公元32年—公元92年）：东汉史学家、文学家，字孟坚，扶风安陵人。初继续完成其父班彪所著《史记后传》，被人告发私改国史，下狱。经其弟班超上书力辩，获释。后历二十余年，修成《汉书》。善作赋，有《两都赋》等。

③ 不能直接以汉朝的仁德取代周朝：根据五行学说，木生火。所以周朝为母，汉朝由周朝所生。

然而作为一个十三岁的诸侯王，他却能兼并天下，为所欲为，尽情享受，养育宗室家族。执政三十七年中，军队到处征讨。他规定政令，垂范于后世君王，大概这是借助了圣人的神威，受了河神的指点和启示，依靠象征弓矢和兵器的狼星、狐星，脚踏象征杀戮和战争的参、伐二星，帮助他驱除其他诸侯，终于成了始皇帝。

始皇死后，即位的胡亥极其愚蠢，郦山墓还未完全修好，又重新建阿房宫，以实现先王的计划。说什么“之所以总是以拥有天下为尊贵,是因为这样就能无拘无束，随心所欲，大臣竟然想废弃先帝所做的事情”。于是下令杀掉李斯、冯去疾，而重用赵高。二世所说的话实在叫人痛惜啊！长着一颗人头，发出的却是牲畜的叫声。如果他不肆威虐，就不会讨伐他的罪恶；如果不是罪恶深重也不会轻易地身死国亡,到了王位难以保留的时候，他的凶残暴虐更加速了其自身的灭亡，虽然居住在地形便利的国家，也还是不能继续生存。

子婴在二世死后继承了帝位，他头戴王冠，佩着华美的绶带，坐着以黄缯作顶盖的帝王车，身后跟随着百官执事，前去拜谒祖庙。小人物一旦登上不适合他的位置，无不精神恍惚，魂不守舍，天天苟且偷安，唯独子婴能深谋远虑，父子权衡谋划，在一室之内得手，竟然杀了奸猾之臣赵高，为死去的君王讨伐了逆贼。赵高被杀之后，宾客姻亲还未能全部慰劳，饭还没有来得及下咽，酒也还未能沾湿嘴唇，楚军已杀入了关中，汉高祖雄踞霸上。子婴只得坐着白色马车，颈上系着绶带，捧着符节玉玺，送给登上帝位的人。这很像当年郑伯表示投降时左手拿着茅旌，右手拿着弯刀，而楚庄王为此退兵三舍的情景。秦国注定灭亡的道理就如同黄河一旦决口不能重新堵塞，鱼一旦腐烂不可能再完整保全。

贾谊、司马迁说："如果子婴有一般君主的才能，那么仅凭只有中等才能的大臣辅佐，山东虽乱，秦国的土地也可能得以保全，宗庙的祭祀也不会断绝啊。"实际上秦国的衰败是年深日久积累下来的，到了土崩瓦解的时候，即使有周公旦的才能，也无法再施展他的计巧，所以这样来责备只当了几天国君的子婴，实在是错了啊！民间相传，秦朝罪恶起于始皇，到胡亥时达到了顶点，这话说得有理。又有人责怪子婴，说秦国的土地本来可以保全，其实说这话的就是所谓不能通达时变的人。齐国灭掉纪国时，纪季①将酅（xī）邑送给齐国，以保存宗庙社稷，因为投降出于不得已，《春秋》记载此事时，肯定了他的做法，对他不指名相称。我读《秦始皇本纪》，读到子婴车裂赵高时，未尝不赞赏他的决断，爱怜他的志气。子婴所有的生死大义都已达到完备的境界了。

① 纪季：纪国君主的小弟弟。

知识拓展

指鹿为马

释义：比喻故意颠倒是非，混淆黑白。

出处：《史记·秦始皇本纪》：“二世笑曰：‘丞相误邪？谓鹿为马。’”

安土息民

释义：安定社会秩序，让人民休养生息。

出处：《史记·秦始皇本纪》：“安土息民，以待其敝，收弱扶罢，以令大国之君，不患不得意于海内。”

白马素车

释义：传说伍子胥被害后，化作涛神，其魂魄常驾白马素车来往于江水之中。后一般来代称“钱塘潮”。也指丧事用的车马。

出处：《史记·秦始皇本纪》：“子婴即系颈以组，白马素车，奉天子玺符，降轵道旁。”

长念却虑

释义：思前顾后，反复考虑。

出处：《史记·秦始皇本纪》：“人小乘非位，莫不怳忽失守，偷安日日，独能长念却虑，父子作权，近取于户牖之间，竟诛猾臣，为君讨贼。”